KB265299

10대와 통하는

기독교

10대와 통하는 기독교

제1판 제1쇄 발행일 2013년 12월 25일
제1판 제4쇄 발행일 2024년 1월 1일

글 | 손석춘
기획 | 책도둑(김민호, 박정훈, 박정식)
디자인 | 이안디자인
펴낸이 | 김은지
펴낸곳 | 철수와영희
등록번호 | 제319-2005-42호
주소 | 서울시 마포구 월드컵로 65, 302호(망원동, 양경회관)
전화 | (02)332-0815
팩스 | (02)6003-1958
전자우편 | chulsu815@hanmail.net

ISBN 978-89-93463-46-0   43230

10대와 통하는
기독교

청소년과 예수의 커뮤니케이션

글 | 손석춘

철수와영희

신은 사랑이다.
사랑으로 살아가는 사람은 신 안에 살며 신도 그 사람 안에 살고 있다.
God is love.
Whoever lives in love lives in God, and God in him.
(요한 1서 4:16)

예수가 21세기에 살고 있다면, 어디서 무엇을 할까요?

산타클로스의 선물. 어린 시절, 크리스마스를 손꼽아 기다리던 나날을 기억하나요? 하지만 10대에 접어들기 전에 이미 진실을 깨닫지요. 산타클로스가 없다는 사실을 알았을 때 얼마나 허망했던가요.

산타클로스는 서기 300년 전후에 지금의 터키 지역에서 살았던 니콜라스 주교가 모델입니다. 자선을 많이 해 '성인'이라는 뜻의 '세인트'가 이름 앞에 붙었고, '세인트 니콜라스'의 영어식 발음으로 '산타클로스'가 되었지요. 크리스마스는 니콜라스 주교를 비롯해 수많은 사람들이 '주님'으로 모신 예수의 생일입니다.

역사적 예수는 33년 동안 지상에 머물렀지요. 그가 가르침을 편 시간은 훨씬 짧아 길어야 3년입니다. 예수는 조롱과 멸시를 받으며 젊은 나이에 처형당했지만 그의 가르침을 따르는 사람들은 기독교를 세웁니다. 그 뒤 2000여 년에 걸쳐 예수를 '구세주'로 믿는 기독교는 '지구촌 종교'로 성장해 왔습니다.

산타클로스와 크리스마스는 이제 기독교 국가만의 행사가 아니라 '세계화'되었지요. 실제로 기독교는 전 세계에서 신도 수가 가장 많은 종교입니다. 지금 이 순간 지구촌에 살고 있는 70억 인구 가운데 세 명 중 한 명은 기독교인입니다. 지난 300여 년 동안 세계 문화를 주도해 온 서양 문명의 젖줄이 기독교이지요. 바로 그래서인데요, 곧장 묻겠습니다.

여러분은 기독교를, 그 창시자인 예수를 얼마나 알고 있나요?

혹시 산타클로스를 '흰 수염의 백인 할아버지'로 떠올리듯이, 예수를 '금발에 푸른 눈'으로 생각하진 않는지요. 산타클로스의 이미지가 코카콜라의 광고에서 굳어진 사실을 알게 된다면, 자연스레 물을 수 있지 않을까요? 예수의 이미지는 어떻게 만들어졌을까?

적잖은 10대들이 부모님이나 친구, 친지들의 권유로 교회에 나갑니다. 이어 독실한 자기 신앙으로 받아들이지요. 성실한 종교 생활을 하는 사람들을 보면 대개 순수하고 아름답습니다.

그런데 예수를 따르는 기독교에는 참 많은 갈래가 있다는 사실, 지금 내가 믿는 기독교가 수많은 기독교 종파 가운데 하나라는 사실을 정확히 알고 있는 '기독 청소년'은 얼마나 될까요? 흔히 기독교를 개신교와 동일시하고 가톨릭과 구별하지만, 개신교와 가톨릭 모두 기독교입니다. 더구나 한국인에게는 낯선 '정통 교회'(정교회)도 있습니다.

10대 시절에 기독교의 다채로운 전통과 예수의 이름으로 전개되어 온 풍부한 역사를 이해하지 못하면, 자칫 자신의 신앙만이 옳다는 독선에 빠질 수 있습니다. 과연 그런 사람을 '부활한 예수'는 어떻게 받아들일까요?

이 책은 기독교 내부의 특정 신앙을 비판하려는 의도가 전혀 없습니다. 누구를 '이단'이라고 규정하는 사람들의 사고와도 아무 관계가 없습니다. 오히려 그 반대입니다. 있는 그대로, 이 땅의 청소년들에게 기독교가 무엇인가를, 예수는 누구인가를 실제 일어난 사실을 중심으로 소개하는 데 목적이 있습니다.

‘기독교란 무엇인가’는 비단 교회에 다니는 청소년들만 짚을 문제가 아닙니다. 기독교라 하면 지하철에서 ‘예수 천국, 불신 지옥’을 부르대는 사람들의 종교로 이해하는 것은 세상을 바라보는 시야를 어처구니없이 좁히는 일이지요. 기독교는 오늘의 현대 문명을 이루는 데 큰 기여를 했거든요. 다른 종교를 지닌 사람도 기독교 이해는 필요합니다. 종교학을 개척한 막스 뮐러(Friedrich Max Müller)가 “하나의 종교만 아는 사람은 아무 종교도 모른다”고 갈파한 말을 곰곰 새겨볼 필요가 있습니다.

모든 책이 그렇듯이 이 책 또한 많은 사람의 앞선 글에 빚지고 있습니다. 한국의 가톨릭·개신교 성직자와 신학자들은 물론, 미국·러시아·영국의 기독교 성직자들을 만나 취재한 이야기도 담았습니다.

하루도 빠짐없이 기도하며 살아가는 나의 오랜 벗도 이 책의 원고를 꼼꼼하게 읽고 의견을 주었지요. 내가 사랑하는 두 기독교인의 독실한 신앙생활은 이 책을 쓰는 데 힘이 되었습니다. 그럼에도 10대와 나누는 교양서이기에 일일이 근거를 제시하지는 않았습니다. 이 책 또한 훗날 어떤 이가 기독교를 새롭게 재구성한 책을 쓰는 데 거름이 되기를 바랍니다. 청소년 독자에게 바라는 소망이기도 하지요.

많은 사람의 글과 말을 자료로 활용했다고 하더라도 이 책에서 저자의 '편견'을 모두 없앴다고 자신 있게 말할 수는 없습니다. 다만, 사적인 편견을 최대한 버리고자 애썼습니다. 이 책을 읽는 여러분도 어떤 틀을 고집하지 않기를 바랍니다.

예수가 만일 한국에 오면 오늘의 기독교를 어떻게 볼까요? 예수가 21세기에 살고 있다면, 어디서 무엇을 할까요?

지상에 머물던 짧은 세월, 예수는 새로운 세대를 사랑했습니다. 예수가 오늘의 10대와 만난다면 어떤 말을 건넬까요? 예수와 만나 대화하고 생각을 나누는 '커뮤니케이션'의 상상력을 키우는 데 이 책이 조금이라도 도움이 될 수 있기를 소망합니다.

자, 그럼 모든 선입견을 버리고 지금부터 기독교의 '거룩한 세계'로 들어가 볼까요? 출발점은 당연히 '하느님'입니다.

2013년 12월 25일

손석춘

네로 황제가 기독교인을 죽인 까닭은 무엇인가요?

'철인 황제' 아우렐리우스는 왜 기독교를 박해했나요?

깨달음을 강조한 영지주의가 왜 '이단'인가요?

유일신이지만 단일신은 아니다? 무슨 뜻인가요.

십자군 전쟁에 대해서 알려주세요.

이슬람에서는 십자군을 어떻게 보나요?

십자군을 일으킨 이유는 정말 '신의 뜻'이었을까요?

1장 신의 이름: 하느님인가, 하나님인가

눈썰미 있는 독자라면 갸웃했으리라 짐작합니다만, 여는 글 마지막 문장에 '오자'가 있어 보이죠? 교회에선 '하나님'이라고 부르는데 '하느님'으로 적었으니까요. 하지만 이 장의 제목에서도 알 수 있듯이 오자가 아닙니다.

'하느님'과 '하나님' 모두 기독교에서 쓰는 말이지요. 왜 그렇게 되었을까요? 하나님인가, 하느님인가를 판단하려면 먼저 사람들이 '신'을 어떻게 생각해 왔는가를 섬세하게 톺아볼 필요가 있습니다.

신은 과연 있을까?

어떤 이는 요즘의 청소년은 종교에는 관심이 없고, 오로지 '스마트폰'에만 관심이 있다고 개탄합니다만, 과연 그런가요. 물론, 그 말에도 일리는 있겠지요. 자나 깨나 모바일만 들여다보고, 그것이 없으면 불안해하는 10대가 적잖게 있으니까요. 그들에게 스마트폰은 이미 '신'이나 다름없는 존재입니다.

하지만 그런 청소년도 어느 순간은 인생이 무엇인가를 묻게 됩니다. 가족이나 친지의 죽음, 또는 친구의 자살을 경험했다면 더욱 그렇지요. 10대 시절 불현듯 다가오는 인생에 대한 물음을 그냥 지나치지 않는다면, 신의 존재를 한번쯤 더듬어보게 됩니다. 명석한 수학자이면서 신학자였던 파스칼(Blaise Pascal)이 갈파했듯이 "저 무한한 공간의 영원한 침묵"에 담긴 뜻을 찬찬히 짚어보면 10대는 물론, 모든 세대의 인간이 전율할 수밖에 없지요. 그 순간, 누구나 묻게 됩니다.

신은 과연 있을까?

인간과 전혀 다른 무엇, 일상의 삶에서는 볼 수 없고 느낄 수도 없는 그 무엇으로서 '신'이란 대체 무엇일까? 왜 인간은 '신성'을 생각하는 걸까?

종교학자들의 연구를 간추리면, 신을 느끼는 데에는 두 가지 특성이 있습니다.

첫째, '신'은 인간의 '궁극적 관심'이자 '궁극적 실재'입니다. 인간으로 태어났으면, 인생의 어느 순간에 누구나 사무치게 절감하게 마련이듯이 우리의 생명은 유한합니다. 생각하면 생각할수록 죽음은 끔직한 일이고 참담한 일이지요.

인생은 언젠가 끝난다는 사실, 내 삶 또한 언제인지 모르지만 반드시 죽음에 이른다는 진실을 직시하면, 결국 마지막에는 자신의 존재와는 다른 무엇에 관심을 갖게 됩니다. 그것을 궁극적 관심이라고 하지요. 궁극적 관심의 대상이 되는 그 무엇이 궁극적 실재입니다. 바로 신이지요.

궁극적 실재를 체험하는 개인이나 집단이 역사적으로 처한 조건에 따라 신에 대한 관념은 차이가 있습니다. 이를테면 인격적 신과 초인격적(존재론적) 신으로 나뉘지요. 단일신, 유일신, 다신론으로 구분할 수도 있습니다. 초월적 신과 내재적인 범신론적 신, 주술적 힘을 숭배하는 신과 윤리적 신도 있듯이, 궁극적 실재로서 신의 관념은 다양합니다.

신은 개인에게든 집단에게든 궁극적 관심이며, 일상의 경험을 넘어선 실재이어야 합니다. 종교의 역사를 톺아보면, 궁극적 실재인 신과 관계를 맺으려한 사람들의 오랜 열망을 발견할 수 있지요. 특히 종교인들은 인간이 궁극적 실재인 신과 관계를 맺어야 한다고 역설해 왔습니다.

거꾸로 신이 인간으로 하여금 궁극적 관심을 갖도록 이끈다고 믿기도 합니다. 신적인 궁극적 실재가 인간에게 궁극적 관심을 갖도록 함으로써 절대적이고 정열적인 경험, 때로는 황홀한 감정에 몰입하면서 헌신적으로 일생을 걸어가게 한다는 거죠.

둘째, 신은 성스러운 것, 곧 '거룩한 실재'입니다. 신은 인간의 삶을 거룩하게, 곧 의미 있게 해줍니다. 사람은 누구나 자신의 삶을 충만하게 해주고 고통을 치유해 주는 능력을 지닌 '거룩한 실재'를 찾습니다.

종교학자 엘리아데(Mircea Eliade)도 말했듯이, 모든 종교는 거룩한 실재와의 관계입니다. 유한할 뿐만 아니라 보잘것없는 존재인 나와는 다른 거룩한 무엇, 성스러운 무엇, 바로 그것이 신이라는 거죠.

종교 체험의 고갱이는 바로 그 성스러운 것의 체험, 곧 거룩한 체험입니다. 성스러운 것이 드러나는 모습은 역사와 문화적 차이, 환경에 따라 다채롭습니다.

'거룩한 실재'를 믿게 된다면, 그 실재와 현실의 실재 사이를 이어주는 매체가 필요하겠지요. 거룩한 실재인 신을 계시하는 매체, 다른 말로 한다면 신성을 드러내는 매체로는 세 가지가 꼽힙니다.

하나는 자연현상입니다. 키 큰 나무, 커다란 바위, 큰 강, 장대한 폭포, 형체 없이 다가오는 바람과 같은 자연물이나 폭풍과 같은 자연 변화에서 신의 계시를 읽는 거죠. 형태는 다르지만 모든 고대 사회에서는 '정령(精靈) 신앙'이

나타납니다. 정령 신앙은 애니미즘(animism) 또는 물활론(物活論)으로 불리는 데요, 모든 사물에는 영혼 곧 아니마(anima, 영적인 생명)가 깃들어 있다고 봅니다. 자연계에서 일어나는 모든 현상 또한 아니마의 작용으로 생각하죠. 흔히 정령 신앙을 원시적 종교관으로 낮추보지만, 딱히 그렇게만 볼 문제는 아닙니다. 정령 신앙의 '정령'을 '신성'으로 이해한다면 현대 종교와 곧장 이어질 수 있으니까요.

다른 하나는 역사적 사건입니다. 대표적 보기가 '출애굽'으로 불리는 유대인들의 이집트 탈출이지요. 제국의 몰락이나 새로운 국가의 건설, 큰 전쟁, 대재난과 같은 역사적 사건에서 사람들은 '신의 계시'를 발견하려고 노력해 왔습니다.

마지막은 인격적 존재입니다. 메시아(구세주, 예수), 깨달은 사람(붓다), 예언자, 샤먼(무당), 성인, 현인 들이 '거룩한 실재'에 대해 계시를 내리거나 깨달음을 준다고 믿습니다.

그렇다면 성스럽다거나 거룩한 체험은 어떤 걸까요? 종교학자들은 거룩함의 경험을 두 가지로 나눕니다. 먼저 '두렵고 떨리는 신비감'(mysterium tremendum)입니다. 신적인 무엇인가를 경험하는 사람에게 다가오는 경외의 감정이지요. 그리고 '매혹과 끌림의 신비감'(mysterium fascinosum)입니다. 황홀한 감정이지요.

여기서도 알 수 있듯이, 신을 체험하는 것은 합리성이나 이성적 논리를 넘어선 경험입니다. 합리성에 치중하면 종교가 도덕과 아무런 차이가 없겠지요. 경외감과 황홀감. 이 두 요소가 바로 성스러운 체험입니다.

〈아담의 창조〉(미켈란젤로 부오나로티). 아담에게 생명을 부여하는 순간.

다신론과 유일신

종교학적으로 짚어보면, 인간이 사회를 이룰 때부터 신은 어느 문화에서나 공통적으로 나타납니다. 그만큼 인간에게 종교는 운명적이라고 할 수 있겠지요.

궁극적이고 거룩한 실재를 신이라고 할 때, 그 신을 어떻게 보느냐에 따라 여러 유형으로 갈라질 수 있지만, 큰 범주에서 보면 다신론과 유일신으로 나뉩니다.

다신론(polytheism)은 신이 하나가 아니고 여럿이라고 봅니다. 단순히 신의 숫자를 따지는 양의 문제는 아닙니다. 거룩함을 체험하는 여러 수준을 더 높고 근원적인 차원에서 하나로 통합하는 원리를 인정하지 않는 거죠.

가령 힌두교는 브라흐마, 비슈누, 시바가 각각 창조, 보존, 파괴를 담당합니다. '파괴'가 어떻게 '신'이 될 수 있을까에 의문을 가질 수도 있겠지만, 힌두 사상에서 파괴는 결코 부정적인 의미만을 지니고 있지 않습니다. 인도 사람들에게 죽음이란 새로운 형태의 삶으로 옮겨감이듯이, 파괴는 새로운 형태로 옮겨가는 걸 뜻하기 때문이지요. 그래서 시바는 파괴의 신인 동시에 재생과 풍요의 신이기도 합니다.

고대에는 불의 신, 물의 신, 폭풍의 신, 나무의 신, 사랑의 신, 죽음의 신과 같은 정령적 형태나 신화적 형태의 다신론이 있었습니다. 그리스 로마 신화와 북유럽 신화를 보면 참 다양한 신들이 등장하지요.

흔히 다신론은 유일신에 비해 낮은 단계로 여기는데, 반드시 그런 것은 아닙니다. 다신론은 추구하는 가치들이 서로 경쟁함으로써 다원적이고 민주적일 수 있으니까요. 물론, 궁극적 실재로서 보편성이나 통일성은 결여되어 있지요.

유일신(monotheism)은 여러 가치를 통합하고 더 나아가 '심판'하는 절대적 실재를 경험할 때 나타납니다. 유일신의 전형적인 모습은 유대교, 기독교, 이슬람교에서 볼 수 있습니다.

유대교, 기독교, 이슬람교. 유일신을 믿는 세 종교는 티그리스·유프라테스 강과 나일 강을 잇는 '비옥한 초승달 지대'에서 시작되었습니다. 세 종교가 모두 그곳에 '뿌리'를 둔 이유는 본디 그곳이 고대 문명의 발상지였기 때문만은 아닙니다. 세 종교에 모두 영향을 끼친 조로아스터교가 그곳에 퍼져 있었기 때문이지요.

고대 페르시아에서 등장한 조로아스터교는 최초의 유일신 종교입니다. 여러 신을 섬기던 오랜 전통에서 벗어나 조로아스터교는 '아후라마즈다'(Ahura Mazda), 곧 '지혜의 주님'을 유일신으로 내세우며 그 후 전개된 유대교를 비롯한 유일신 종교들의 '모태'가 됩니다.

조로아스터교와 그 영향을 받은 유대교, 기독교, 이슬람교 모두 유일신을 믿고, 또 그 믿음이 사람들 사이에 퍼져간 이유로는 지형적 특성을 들기도 합니다.

무엇일까요? 연구자들은 '비옥한 초승달 지대'를 둘러싸고 있던 황량한 사막에 주목합니다. 기후가 점점 건조해지면서 농경지와 숲이 줄어들고 사막이 확대되어 갈 때, 그 지역에서 살아가는 사람들이라면 누구나 자연의 힘 앞에 두려움이 무장 깊어갈 수밖에 없겠지요. 그만큼 절대자로서 유일신을 간절하게 바라는 마음이 커져간 거죠.

더구나 사막과 초원의 또렷한 지형적 대비는 선과 악을 구분 짓는 이분법적 사고를 낳았습니다. 유일신 종교의 특징이지요.

비가 잘 내리지 않는 건조한 땅에서 양을 키우며 살아가는 유목민에게 척박한 땅에서 풀을 자라나게 하는 신의 섭리에 대한 믿음은 커져갈 수밖에 없었습니다. 그런 분석은 실제로 비가 풍부하게 내리는 지역이나 사막이 없는 곳에선 유일신 종교가 나타나지 않았거나 힘을 발휘하지 못했다는 역사적 사실로 설득력을 지닙니다. 사막을 찾아볼 수 없는 지역에선 자연의 다채로운 변화에 부응하듯 신의 모습이 다채롭게 나타나죠. 거의 모든 사람이 농사를 지으면서 어떤 절대적 존재로서 유일신보다 사람과 사람 사이의 협동을 중시합니다.

유대교, 기독교, 이슬람교는 조로아스터교와 지형적 영향을 받아 모두 유일신을 믿지만, 그 유일신의 이름이 각각 다릅니다. 유대교는 '야훼'(Yahweh)를 믿고, 기독교는 '갓'(God)을 믿고, 이슬람교는 '알라'(Allah)를 믿지요.

물론, 기독교는 이슬람교의 유일신을 인정하지 않습니다. 유대교도 이슬람교의 유일신을 인정하지 않거니와 예수도 인정하지 않습니다. 기독교와 이슬람교는 흔히 '적대적 관계'라고 이야기하죠.

하지만 명확하게 짚고 갈 진실이 있습니다. 이슬람교의 '알라'는 '갓'이라는 뜻입니다. 그러니까 기독교의 '갓'을 이슬람교에서 번역하면 '알라'가 되는 거죠. 실제로 기독교와 이슬람교 모두 유대교와 뿌리가 같습니다.

한 뿌리에서 나온 유대교, 기독교, 이슬람교

유대교, 기독교, 이슬람교를 순서대로 짚어보면서 신의 이름을 고찰해 보죠. 유대교는 유대인의 종교입니다. '이스라엘 사람'으로 불리는 유대인은 기원전 2000년대에 메소포타미아(티그리스 강과 유프라테스 강 사이에 있는 오늘날의 이라크 지역)에서 새로운 목초지를 찾아 서쪽으로 옮겨간 사람들과 그들의 후손입니다. 이주민이었기에 본디 그곳에 살고 있던 토착민과 긴장 또는 갈등 관계에 놓일 수밖에 없었지요.

기원전 18세기 메소포타미아 문헌에 '떠돌이들'(유랑민)이 많다는 기록이 등장합니다. 주로 외국인이 유대인을 일컬을 때 쓰는 '히브리인'(Hebrew, 헤브라이인)은 히브리어 '이브리'(ibri, 건너온 사람들)에서 유래한 말입니다. 경계를 건너 도망쳐온 사람들, 노역하는 사람들을 뜻하는 말이지요. 그래서 히브리인을 특정한 '인종' 개념이 아니라 사회학적 개념으로 풀이하는 학자들도 있습니다.

아무튼 그 떠돌이들, 건너온 사람들은 오랫동안 여기저기를 유랑하다가 이집트로 들어갑니다. 당시 메소포타미아와 이집트엔 도시국가가 세워졌지요. 왕과 귀족이 소작농과 노예들을 지배하는 계급사회였습니다. 소작농은 세금을 못 내면 노예로 전락했지요. 시간이 흐르면서 노예는 점점 늘어났습니다. 유대인은 500여 년을 이집트에서 살며 왕궁과 신전을 건축하고 길을 닦는 데에 불려 나가 노역을 하거나 노예가 되어 고통의 나날을 보내고 있었지요. 이집트를 벗어나려고 해도 왕의 군대가 국경을 지키고 있었기에 불가능했습니다.

바로 그때 모세가 나타납니다. 모세와 함께 유대인은 '야훼'(여호와) 신앙을 정립해 나가지요. 구약성경에 기록되어 있듯이, 야훼 신앙은 기원전 2000년 무렵에 아브라함으로 시작해 그의 후손으로 형성된 이스라엘의 민족종교로 전개되어 갔습니다. 기원전 13세기에 모세가 유대 민족을 이집트에서 탈출시킨 '출애굽 사건'(Exodus, '애굽'은 '이집트'의 옛 표기)과 뒤이은 40년의 광야 생활을 거쳐 마침내 정착한 가나안에서 야훼 신앙은 '민족종교'로서 자리를 잡아갑니다.

출애굽 이전까지 유대인은 자신들이 섬기는 신을 '엘' 또는 '엘로힘'으로 불렀습니다. '야훼'라는 이름이 등장하기 전까지 고대 이스라엘 민족이 섬기던 신의 이름이지요. 엘 신을 폐기하고 야훼 신으로 대체한 것이 아니라 엘로힘이 야훼로 '교체' 또는 '재구성'된 거죠. 야훼라는 이름은 구약성경 〈출애굽기〉(3:14)에서 비롯합니다. 모세가 '불타는 떨기나무'로 나타난 조상의 신에게 이름을 묻자, 신은 '에흐예 아쉐르 에흐예'라고 대답합니다. 우리말로 옮기면 '나는 나다'(공동번역), '나는 스스로 있는 자다'(개역), '나는 곧 나다'(표준새번역)입니다. 영어로는 'I am who I am' 또는 'I will be who I will be'이지요.[1]

'야훼' 또는 '여호와'로 표기되는 이름은 본디 '에흐예'로 발음되는 히브리어에서 비롯했습니다. '야훼'와 '여호와'는 두 가지 서로 다른 신의 이름이 아니라 발음 표기 방식 때문에 생겨난 이름들인 거죠.

구약 학자들 해석에 따르면, '야훼'라는 이름은 히브리어 동사 어근 '하야'(hyh, HaYaH)에서 파생되었으며, 그 동사는 '생기다(befall), 되다(become), 생존하다(be, exist)'라는 뜻을 모두 담고 있습니다. 히브리어의 문법 구조로 '야훼'는 미완료 동사형인 거죠.

우리말로 번역된 구약성경을 보면 '하나님'은 이스라엘인에게 "나는 너희를 이집트 땅 종살이하던 집에서 이끌어낸 하나님"이라고 소개합니다. 역사

---

1 한국어 성경은 1882년 〈예수성교 누가복음젼서〉로 첫선을 보입니다. 신구약을 아우른 성경 전체는 1911년에 나옵니다. 이 성경을 개정한 성경이 1937년 간행됩니다. 이를 '개역'이라고 합니다. 그 뒤 1977년 원전에서 직접 번역한 성경이 가톨릭과 개신교 공동으로 발행됩니다. 줄여서 '공동번역'으로 일컫지요. 1983년 대한성서공회는 누구나 이해하기 쉬운 현대어로 성경을 번역하기로 결의하고 1993년 '표준새번역' 성경을 출판합니다. 이밖에도 '현대인의 성경', '쉬운 성경', '우리말 성경'들이 있습니다. 번역에 따라 표현이 조금씩 다릅니다. 앞으로 이 책에서는 공동번역을 중심으로 하되 더 쉬운 표현이 필요할 때는 다른 성경들을 인용했습니다. 우리말 번역보다 영어 성경이 더 의미가 있다고 판단할 때는, 영어 성경을 충실하게 옮겼습니다. 한 권의 책에서 성경 인용을 통일하는 것도 좋겠지만, 이 책에서 곧 논의하듯이 성경을 문자 그대로 받아들이는 것은 바람직하지 못합니다. 물론, 그렇다고 전문적 지식도 없으면서 임의로 번역해서는 안 되겠지요. 기존의 번역과 다를 때는 괄호 안에 영어 성경을 함께 넣었습니다.

속에서 살아 활동하며 억압된 사람들을 자유롭게 하는 분이라는 거죠.

기원전 11세기에 유대인의 지도자 사울은 가나안 땅에 먼저 살고 있던 펠리시테인(팔레스타인은 '펠리시테인의 나라'라는 뜻)들과 싸워 이스라엘 왕국을 세웁니다. 사울과의 갈등을 거쳐 그의 뒤를 이은 왕이 다윗이지요.

다윗은 예루살렘을 왕국의 수도로 정하고 야훼의 성전을 세웠습니다. 그리고 이스라엘의 신 야훼가 예루살렘과 다윗 가문을 영원히 선택한다는 약속을 했다고 '선포'했습니다. 그 신의 약속을 '다윗 계약'이라고 하지요. 다윗의 자손 중에서 구세주가 태어난다는 메시아사상의 뿌리이기도 합니다.

전성기인 다윗에 이어 솔로몬 시대까지 왕국이 부강해지고 주민의 경제생활 수준이 높아지면서 야훼에 대한 믿음은 약해져 갔습니다. 더구나 솔로몬 왕이 죽은 뒤 사마리아를 수도로 정한 북쪽의 이스라엘 왕국과 남쪽의 유대 왕국으로 쪼개져 각자의 길을 갑니다. 예언자들이 곰비임비 등장한 이유이지요.

예언자들은 남과 북의 왕을 비롯한 권력자들의 불의를 매섭게 질타했습니다. 백성에겐 야훼가 아닌 우상을 숭배하고 있다며 신앙생활을 강조했지요. 숱한 예언자들이 경고했지만, 이스라엘 왕국은 기원전 722년에 아시리아 왕에게, 유대 왕국은 기원전 586년 바빌로니아 왕에게 각각 멸망하고 맙니다. 유대인들은 사로잡혀 '바빌론 유수'[2]로 불리는 포로 생활에 들어가게 되지요.

나라가 모두 멸망해서야 유대인은 야훼 신앙에 철저하지 못했던 '죄'를 회개하며 '새로운 신앙 운동'을 펼쳐갑니다. "우리가 멸망당한 것은 야훼를 멀

---

2 바빌론 유수는 기원전 597~538년 세 차례에 걸쳐 신바빌로니아가 예루살렘을 함락하고 유대인들을 포로로 잡아간 사건입니다. 포로 시절에 종교적 자유는 허용되었지만 제의는 할 수 없었지요. 이 시기에 모세 이후 유대인의 역사를 담은 구약성경이 편찬됩니다.

리하고, 우상을 섬기며, 예언자들의 외침에 귀 기울이지 않았기 때문이다. 이 제라도 죄를 회개하고 야훼께 돌아가자”는 신앙 회복 운동의 열매가 유대교 입니다. 대대로 내려오던 민족종교인 야훼 신앙을 체계화한 거죠.

유대인은 포로나 떠돌이로 살면서도 머무는 곳마다 예루살렘 성전 쪽을 바라보고 회당을 세웠습니다. 나라는 잃었지만 유대교를 중심으로 뭉친 거죠. 회당은 야훼에게 예배를 드리는 종교기관인 동시에 율법과 히브리어를 연구하고 가르치는 교육기관이기도 했습니다. 유대교의 성직자를 ‘랍비’라고 하는데, 종교 지도자 겸 선생님이지요.

유대교가 가장 중시하는 경전은 율법서 『토라』(Torah)입니다. 구약성경의 오경인 〈창세기〉, 〈출애굽기〉, 〈레위기〉, 〈민수기〉, 〈신명기〉를 일컫지요. 그 밖에 유대교 랍비들의 가르침을 모은 『탈무드』도 유대교의 경전입니다. 회당과 경전과 랍비가 그 뒤 유대교를 지탱해온 세 기둥이지요.

그러니까 유대교는 유대 민족의 종교로, 신은 ‘야훼’입니다. 더러는 ‘히브리인’의 어원인 ‘건너온 사람들’에 주목해 유대교를 특정 민족의 종교라기보다는 떠돌이들, 곧 억압받고 가난한 사람들의 종교라고 해석합니다만, 엄연히 실존했던 유대 민족의 종교였고, 지금도 전 세계에서 살아가고 있는 유대인을 결속하는 종교라는 사실은 분명합니다.

다만, 유대 민족의 특수성으로 보든, 억압당한 사람들의 보편성으로 보든 〈출애굽기〉에 나타난 야훼는 바다를 비롯해 모든 자연을 주관하고 지배하는 신인 동시에 인간의 역사에도 개입합니다. 인간의 역사 속에서 활동하며 자신을 믿는 힘없고 약한 사람들을 구원하는 신이지요.

지금까지 간략히 살펴보았듯이, 유대인의 유일신관(觀)은 어느 날 갑자기 정립된 것이 아닙니다. 모세가 살아 있을 때에도 아직 여러 신을 섬기는 관습

〈십계판을 든 모세〉(렘브란트 하르멘스 판 레인). 모세가 황금을 숭상하는 유대인들에 실망해 십계명의 서판을 깨뜨리는 슬픔을 담고 있습니다.

이 남아 있었지요. 유목 문화에 친숙해 있던 유대인은 가나안에 정착하면서 풍요와 다산의 신 '바알'(Baal)[3]을 숭상하기도 했습니다. 그들이 유대교로 유일신 야훼를 확립한 것은 왕국이 무너져 나라를 잃었을 때입니다. 유대인은 야훼를 신으로 섬기며 자신들이 선택받았다고 생각합니다. '선민사상'[4]이 유대교에 짙게 깔려 있는 이유이지요.

구약성경에 나타나듯이 야훼를 믿은 종교와 기원전 586년 이후 새롭게 형성된 유대교는 기독교의 탄생을 가능하게 한 뿌리와 줄기가 됩니다. 유대 왕국을 멸망시킨 바빌로니아가 페르시아에 정복당하면서 유대인은 자연스럽게 '바빌론 포로 생활'에서 벗어났습니다. 하지만 왕국을 재건할 여건은 아니었지요.

바빌론에서 풀려난 유대인은 야훼가 그들에게만 약속한 가나안 땅으로 돌아가 폐허가 된 예루살렘과 성전 복구에 힘을 모았습니다. 선민사상으로 무장한 그들은 유일신을 종교적 이념으로 삼아 자신들의 역사를 재구성해 갔지

3 바알은 가나안 지역에 비를 내려 곡물을 자라나게 하는 풍요의 신이자 가축이 새끼를 낳게 해주는 성적 능력까지 갖춘 신입니다. 바알은 '주인'이라는 보통명사에서 온 이름으로, 번개와 천둥을 동반하며 비를 땅에 보내는 태풍의 신입니다. 안개와 이슬은 바알의 두 딸이지요. 아버지는 곡식의 신 '다곤'입니다. 모세가 이끈 유대인이 가나안 지역에 들어오기 전에 바알은 그 지역의 주된 신이었습니다. 아랍어의 '바알'은 '비로 적셔진 땅'임을 강조하는 학자도 있습니다. 요컨대 '비의 신'이라는 거죠. 광야에서 떠돌던 유대인들은 가나안에 정착하면서 땅의 비옥함을 소중히 여겼고, 야훼 못지않게 바알을 경배했습니다. 그 점에서 바알의 이미지가 야훼의 이미지에 많이 들어가 있다고 보는 연구도 있습니다.

4 선민사상은 신이 특정한 민족을 선택해 구원한다는 사상입니다. 역사적으로 특정 민족이나 집단이 자신들의 우월성을 주장하며 내세웠지요. 신(여호와)이 이스라엘 민족을 선택해 계약을 맺었다는 유대교가 대표적 보기입니다. 아돌프 히틀러(Adolf Hitler)의 '게르만 혈통주의'처럼 제국주의의 무기가 되기도 했지요. 한국의 단군신화에도 '하느님의 선택'이 나옵니다. 하지만 한국 신화의 '하느님'은 배타성을 띠고 있지 않다는 점에서 다른 선민사상과 차이가 또렷합니다.

요. 유대교의 경전(구약성경)은 기원전 1세기에 거의 결집을 마쳤습니다. 창세의 기록은 물론 종말론의 체계화도 진행되었는데요. 종말론은 바빌론 포로 생활 때 싹텄다고 하지만 기원전 2세기 이후 페르시아 사상[5]에서 영향을 받았습니다.

기독교는 유대교의 전통과 종말론이 퍼져 있던 시대 상황에서 등장했습니다. 다름 아닌 예수 자신이 유대인으로 태어났으니까요. 하지만 예수는 유대인의 틀, 유대교의 율법을 넘어섰습니다. 신 또한 유대 민족의 유일신인 야훼를 넘어섰지요. 예수는 스스로 '신의 아들'이라 칭하고 신을 '아버지'보다 더 친근하게 '아빠'라고 말하며 동시대인들을 깨우쳤습니다. 기독교를 예수가 창시한 계시종교라고 하는 이유이지요.

그런데 유대교의 전통에서 보면, 누군가가 '야훼의 아들'임을 자임하는 것은 '오만'이자 '불경'일 수밖에 없습니다. 지금도 유대교는 예수를 '야훼의 아들'로 보지 않을뿐더러 유대교가 기다리는 '메시아'로 보지도 않습니다. 구약성경에 근거해 유대교는 지금도 메시아를 기다립니다.

유대교인의 관점에서 본다면 기독교는 '사교 집단'입니다. 실제로 『탈무드』는 예수에 대해 "마술을 써서 이스라엘을 미혹시켜 배교하게 하였으므로 유월절 전날에 처형되었다"고 담담하게 기록하고 있습니다.

하지만 예수의 제자들은 그를 '그리스도'로 모시죠. 그리스도는 히브리어

---

5 종말론(eschatology)은 인간을 포함한 모든 세상의 '최후에 관한 가르침'입니다. 학자들은 페르시아 사상을 주도하던 조로아스터교에서 종말론의 기원을 찾습니다. 조로아스터교는 선과 악이 투쟁하는 세상의 종국에는 선이 이기면서 정의와 행복, 평화로 가득 찬 왕국이 온다고 주장합니다. 페르시아의 종말관은 유대교에 깊은 영향을 끼치지요. 유대교의 메시아(구세주)를 기다리는 사상이 그것입니다. 기독교는 그 메시아가 예수라고 믿습니다.

'메시아'에서 온 말입니다. 그러니까 예수를 구약성경이 예고한 메시아로 믿고 '그리스도'로 모신 사람들이 기독교인인 거죠. 교회에서 많이 들을 수 있는 '주 예수 그리스도'라는 호칭은 예수를 우리의 주님, 구세주로 믿는다는 고백이 담긴 말입니다. 예수를 그리스도로 믿는 종교가 그리스도교이며, 한자어로 '기독교'가 된 거죠. 본디 뜻에 충실하자면 '구세주교'입니다.

그런데 유대인에게 예수는 그리스도(메시아)가 아니라 그들의 기나긴 역사에서 나타났던 여러 위인 가운데 한 사람입니다. 유대교, 기독교와 달리 같은 메소포타미아 지역을 배경으로 이슬람교가 시차를 두고 창시됩니다. 기독교가 예수에서 시작했듯이, 이슬람교는 무함마드(Muhammad)[6]에서 비롯합니다. 610년에 창시된 이슬람교의 '이슬람'은 '(신의 뜻에) 절대 순종한다'는 뜻이지요. 이슬람 신도를 모슬렘(Moslem)이라고 하는데요, '신에게 절대 순종하는 사람'이라는 의미입니다.

이슬람교 또한 이름부터 그렇듯이 전지전능한 유일신을 믿습니다. 비이슬람권 사람들에게 이슬람교의 신 '알라'(Allah)는 아주 낯선 우상처럼 다가오지만, '알라'는 신을 뜻하는 '일라흐'(Ilah)에 정관사 '알'(al)이 붙은 '알일라흐'에서 비롯된 말로, 아랍어로 '신'을 가리키는 명칭입니다. 영어에서 신

---

6 600년대 아라비아 반도는 부족마다 섬기는 신이 달랐습니다. 다신교 사회였지요. 동양과 서양을 오가는 길목이었기에 상인들이 많이 드나들었던 메카와 메디나는 큰 도시로 성장해 갔습니다. 도시가 확장되면서 빈부 격차가 나타나고, 귀족과 평민 사이에 불평등도 커져갑니다. 섬기는 신이 다른 부족들 사이에 전쟁도 자주 일어났지요. 상인 출신인 무함마드가 40세(610년)에 메카 인근에 있는 산에서 명상을 하던 중에 천사 가브리엘로부터 신(알라)의 계시를 받습니다. 자신을 박해하는 귀족들을 피해 무함마드는 622년 메디나로 옮겨가지요. 그곳에서 이슬람교의 교리를 정리하고, 정치와 종교가 일치하는 이슬람 공동체를 세웁니다. 그래서 이슬람교에선 622년을 '이슬람교 원년'으로 삼고 있지요. '무함마드'는 '마호메트'의 아라비아식 표기입니다.

을 '갓'(God)이라고 하듯이, 아랍어에서 신을 '알라'라고 하는 거죠. 따라서 '알라'라고 할 때, 그것을 '신' 또는 '갓'이라고 이해하는 게 옳습니다.

결국 인류 문명의 발상지인 '비옥한 초승달 지대'(지금의 이라크에서 이집트로 이어지는 지역) 안에서 문명이 교류하며 낳은 산물이 유대교, 기독교, 이슬람교입니다. 나중에 살펴보겠지만, 유럽이 주도한 십자군 전쟁이 있기 전까지 세 종교는 '아브라함의 자손'이라는 뿌리를 공유하고 있었습니다. 세 종교를 믿는 사람들 모두 척박한 땅에서 더불어 유목 생활을 했던 형제들의 후손이지요. 유대교를 믿는 사람, 예수 이후 기독교를 믿는 사람, 무함마드 이후 이슬람교를 믿는 사람은 모두 아브라함을 공경합니다.

하느님과 하나님

동아시아는 아시아 대륙의 서쪽과 반대편에 자리 잡고 있었기에 두 지역 사이의 소통이 활발하지 못했습니다. 사막 지대를 배경으로 서쪽에서 조로아스터의 유일신 종교가 형성될 때, 숲이 우거진 동쪽에서는 유일신과 전혀 다른 형태의 종교가 형성되었습니다.

히말라야 산록의 작은 왕국의 태자였던 싯다르타가 창시한 불교, 중국 대륙에서 형성된 도교와 유교는 유일신 종교와는 사뭇 다른 형태의 종교 문화입니다.

동서 종교의 첫 만남은 600년대 중국 당나라 시대로 거슬러 올라갑니다. 비단길(실크로드)로 기독교 선교사들이 들어왔지요. 기독교가 중국에 처음 들어올 때 대진경교(大秦景敎) 또는 경교라고 했는데요, '대진'은 당시 '로마'

를 이르던 이름입니다. 하지만 그 기독교는 '이단'으로 추방된 '네스토리우스파'였습니다. 로마의 핍박을 피해 교인들이 페르시아로 옮겨가고 다시 당나라까지 흘러온 거죠. 중국에 들어온 경교는 대진사(大秦寺)를 세워 전도했지만, 불교와 유교, 도교에 눌려 큰 흐름을 형성하진 못했습니다. 명나라 시대인 1200년대 후반에는 사실상 소멸하지요.

하지만 기독교 문화가 유럽의 근대 문명과 더불어 물밀 듯이 들어오는 18세기에 이르면 상황이 사뭇 달라집니다. 당시 동아시아 한자문화권에선 '야훼'나 '신'을 '천주'(天主)로 번역했습니다.

조선 시대에 우리나라에 처음 들어올 때 기독교는 '천주교' 또는 '야소교'(耶蘇敎)로 불렸습니다. '야소'는 예수의 한자 이름 표현입니다. 그런 가운데 외국 선교사와 조선의 초기 기독교인은 우리 겨레가 전통적으로 경외해온 '초월적 대상'이 있다는 사실, 그 대상을 '하느님'으로 불러왔다는 사실에 주목합니다. 한국인이라면 누구나 알고 있는 건국신화에도 '하느님'이 나오고, 고대 국가들이 모두 '하늘'을 섬기는 제천의식(祭天儀式)을 벌였으니까요. 하느님은 '하늘＋님'에서 'ㄹ'이 탈락한 말입니다.

'하느님'이라는 말이 당시 모든 조선인에게 익숙하다는 사실에 착안한 그들은 구약성경의 '야훼'와 신약성경의 '갓'을 모두 '하느님'으로 번역했습니다. 지금도 가톨릭은 '천주교'로 불리는데, '천주'의 뜻 또한 같은 맥락이지요. 천주교를 통해 '하느님'이라는 번역어가 정착되어 갔습니다만, 개신교에서는 '하느님'이 아니라 '오직 한 분'이라는 뜻으로 '하나님'으로 옮기는 게 옳다는 주장을 펴나갔습니다. 그래서 지금 가톨릭 성당에선 '하느님'으로, 개신교 교회에선 '하나님'으로 부르고 있지요.

그렇다면 '하느님인가, 하나님인가'는 어리석은 질문일까요? 그렇지는 않습니다. 그 질문에 답을 찾아가면서 ‘야훼, 갓, 알라, 하느님, 하나님’ 등 여러 이름이 있다는 사실을 알게 되었고, ‘이름’이 중요하지 않다는 종교적 진실까지 단숨에 깨달을 수 있었으니까요.

더구나 한국인 고유의 ‘하느님’은 지금 기독교에서 말하는 ‘하느님/하나님’과 어떤 차이가 있는지도 호기심을 일으킬 문제이지요. 아직 제대로 연구되지 않은 영역으로 남아 있는데요, 여러분 가운데 누군가가 그 문제에 천착하기를 기대합니다.

따라서 이 책은 앞으로 ‘하느님’이나 ‘하나님’을 쓸 때 원뜻을 살려 ‘신’으로 옮기겠습니다. 성경의 구절을 인용할 때도 한글 번역 성경과 달리 ‘하느님’이나 ‘하나님’으로 표기하지 않고 ‘신’으로 바꿔서 쓰겠습니다. 그렇게 쓰는 것이 ‘가톨릭’(천주교)과 ‘개신교’ 사이에서 ‘중립’을 지키는 방법인 동시에 우리 겨레가 고유하게 불러온 ‘하느님’과 구별하는 길입니다. 궁극적으로는 ‘신의 이름’에 담긴 풍성함을 더 체감할 수 있어서이지요.

그렇다면 이제 다시 원점으로 돌아가 기독교가 예수 이후 역사적으로 어떻게 전개되어 왔는지, 왜 가톨릭과 개신교로 나누어졌는지, 아니 그 이전에 예수는 과연 누구인지 차근차근 짚어보죠.

기독교에 영향을 준 조로아스터교는 어떤 종교인가요?

조로아스터교의 창시자 조로아스터의 출생 연대는 정확히 기록되어 있지 않습니다. 기원전 600년대로 보는 학자에서 기원전 6000년대로 보는 연구자까지 활동 연대에 큰 편차가 있지요. 출생지도 여러 학설이 있는데, 지금의 아프가니스탄과 이란 동부의 옥수스 강 유역으로 좁혀져 있습니다. 생애 또한 전승으로만 알려져 '선한 현인'으로 그려져 왔습니다. 열두 살에 집을 떠나, 서른 살에 유일신에 대한 계시를 받았다고 하지요.

유일신으로부터 받은 계시를 사람들에게 전하기 시작했지만 '미친 사람' 취급을 당했습니다. 하지만 그의 사촌이 제자로 들어온 이후 신자가 늘어나기 시작해 마침내 왕까지 그의 가르침을 받아들였지요.

조로아스터는 고대 이란과 인도 지역의 여러 신을 통괄하는 최고신을 '지혜의 주님'이란 뜻의 '아후라마즈다'로 불렀습니다. 아후라마즈다는 사람들에게 직접 나타나지 않고 여섯 '불사의 존재'(천사장)로 나타나는데, 각각 지혜·사랑·봉사·경건·완전·불멸을 상징합니다. 그 여섯 가지가 아후라마즈다의 속성입니다. 경전 『아베스타』는 태초에 아후라마즈다에서 선을 선택한 영과 악을 선택한 영이 나왔다고 설명하지요. 전자는 성령으로 불렸고, 후자는 여러 이름으로 불렸는데, 가장 많이 불린 이름이 바로 '샤이틴'(사탄)입니다. 사탄을 추종하는 악마들이 그의 명령에 따라 인간을 시험하며 괴롭힌다고 보았지요.

조로아스터에게 세상은 '선과 악이 싸우는 현장'입니다. 인간은 그중 하나를 선택해서 살아가야 합니다. 그러다가 죽으면 영혼이 3일 동안 몸에 남아 자신이 평생 걸어온 길을 돌아보고, 4일째에 심판대로 간다고 하죠. 그곳에서 천사 '미드라'가 개개인의 인생을 저울에 올려놓고 심판을 합니다. 저울이 조금이라도 선한 쪽으로 기운 영혼은 눈앞의 깊은 계곡에 놓인 넓은 다리를 편하게 건너 천국으로 들어갑니다.

하지만 저울이 조금이라도 악한 쪽으로 기운 영혼은 '칼날로 된 외줄 다리'를 건너다가 결국 계곡 아래의 지옥으로 떨어집니다. 저울이 정확히 균형을 이룰 때는 천국도 지옥도 아닌 '하밍스타간'(Hamingstagan)에 머무는 데요, 가톨릭의 '연옥'인 셈이지요.

천국, 중간지대, 지옥으로 간 영혼들은 거기서 영원히 살지는 않습니다. 유일신 아후라 마즈다가 예정해 놓은 종말에 구세주가 나타나면 모든 영혼이 부활합니다. 악한 영혼 또한 순화되어 선한 영혼과 합류하지요. 다만, 사탄과 악령은 완전히 소멸합니다.

조로아스터를 독일식으로 발음하면 '자라투스트라'(Zarathustra)가 됩니다. 조로아스터교는 다른 나라로 퍼져가면서 '배화교'(拜火敎) 또는 '현교'(祆敎)로 불리기도 했습니다.

유대교, 기독교, 이슬람교의 신은 어떻게 다른가요?

세 종교는 모두 신을 믿습니다. 이슬람교의 신 '알라'가 대다수 한국인에겐 낯설 수 있는데요. '알라'라는 말이 익숙지 않아서일 뿐이지, 유대교나 기독교 전통과 다를 게 전혀 없습니다. 아랍어로 '알라'는 영어의 '갓'이니까요. 실제로 이슬람교는 알라를 '유일신, 세계의 창조자, 전지전능한 존재'로 표현합니다. 더러 '알라신'이라고 쓰지만 이는 옳지 못합니다. '알라'와 '신'이 같은 말이거든요.

더구나 유대교와 기독교에서 중시하는 아브라함을 이슬람교에서도 조상의 뿌리로 생각합니다. 알라, 그러니까 신은 아브라함의 후손들에게 예언자들을 보내 가르침을 전해왔는데, 모세도 예수도 무함마드도 모두 예언자라는 거죠.

이슬람교는 '아브라함의 종교'임을 강조하는데, 아브라함에게 계시를 내린 신이 바로 알라입니다. 유대교, 기독교의 신과 동일한 거죠. 다만, 이슬람교는 유대교와 기독교가 아브라함의 종교를 충분히 이해하지 못했고, 바로 그 때문에 종교의 핵심을 잘못 판단해서 왜곡했다고 봅니다. 그 잘못을 바로잡아 신을 온전히 믿는 게 이슬람교라고 강조하지요. 따라서 오직 '아브라함의 신' 곧 알라만을 섬기며 신의 뜻에 절대 순종하겠다고 다짐합니다.

이슬람교에 따르면 아담, 노아, 아브라함, 모세, 예수는 우리 인간을 신의 나라로 이끌기 위해 신이 지상에 보낸 예언자입니다. 그 표지로 '계시의 책'을 인류에게 주었는데요. 모세에게 준 '율법의 책'이 구약성경이고 예수에게 준 '복음의 책'이 신약성경인데, 유대교도와 기독교도가 그 계시의 책을 왜곡했다는 거죠. 구약성경과 신약성경의 잘못된 부분을 고치기 위해 최후의 예언자인 무함마드에게 내려진 책이 바로 『코란』이라고 설명합니다.

이슬람교는 신(알라) 앞에 모든 인간의 평등을 주장합니다. 유대교나 기독교와 달리 성직자를 두지 않는 까닭이지요. 형제애를 강조하며, 영적인 삶과 세속적 삶을 이어주는 공동체 문화를 권장합니다.

유대교, 기독교, 이슬람교는 같은 성경을 쓰나요?

세 종교가 모두 아브라함을 공경하고 그가 믿었던 유일신을 따른다고 하지만 경전이 같지는 않습니다. 믿음의 내용에 큰 차이가 있기 때문입니다.

다만 유대교와 기독교는 구약성경을 공유합니다. 하지만 유대교는 기독교의 신약성경을 인정하지 않습니다. 기독교는 인류를 구원하려고 인간의 몸으로 이 땅에 온 신이 예수라고 믿기에 그와 제자들의 언행을 담은 신약을 경전으로 삼지만, 유대교는 예수를 예언자 가운데 한 명으로 여기기에 전혀 경전으로 생각하지 않습니다. 이슬람교 또한 마찬가지입니다. 예수는 신의 말씀을 전달하는 예언자 가운데 한 사람일뿐더러, 무함마드가 더 ‘권위’ 있는 선지자라고 믿기에 신약을 그대로 받아들이지 않습니다.

기독교의 성경은 구약 39권, 신약 27권입니다. 유대교도 구약을 경전으로 공유하는데 특히 처음 다섯 권, 모세 오경(Torah)을 중시합니다. 이슬람교는 구약과 신약을 모두 인정은 하지만 잘못 기록된 게 있다고 봅니다. 잘못된 것을 바로잡은 경전이 바로 『코란』이라고 강조합니다. ‘신의 말씀을 읽는 것’이라는 뜻을 지닌 코란은 무함마드가 메카 근교에 있는 산의 동굴에서 천사 가브리엘을 통해 신의 말씀을 들은 뒤부터 632년 세상을 뜰 때까지 받은 계시를 모두 담았습니다. 이슬람교인은 코란을 신의 말씀으로 믿고 일생 동안 읽고 암송하며 생활합니다.

구약이나 신약과 코란의 내용은 다른 곳이 많습니다. 유대교·기독교는 이삭(Issac)을, 이슬람교는 이스마엘(Ishmael)을 아브라함 후손의 정통이라고 주장합니다. 예수를 바라보는 시각 못지않게 구원관도 차이가 큽니다. 기독교는 믿음에 의한 구원을, 유대교와 이슬람교는 행위에 의한 구원을 주장합니다. 기독교는 인간이 자신의 행위로는 구원에 이를 수 없고, 인류의 죄를 대신해 희생당한 예수의 은혜를 믿음으로 구원받는다고 믿지만, 유대교는 세상에서 얼마나 거룩하게 살았느냐를 ‘기준’으로 삼습니다. 이슬람교는 이 세상에서 착하고 올바르게 살아가면 구원을 얻는다고 강조합니다.

기독교, 그리스도교, 가톨릭, 개신교의 차이는 무엇인가요?

기독교와 그리스도교는 같은 말입니다. 그리스어 '크리스투스'를 음역한 말이 '그리스도'입니다. 영어로는 '크라이스트'(Christ)라고 발음하죠. 원천은 히브리어 '메시아'입니다. '메시아'를 그리스어로 번역한 말이 '크리스투스'인 거죠. 그리스도의 뜻을 살려 우리말로 옮기면 '세상을 구원하는 분' 또는 '구세주'(救世主)입니다. '그리스도'를 한자로 음역해서 옮긴 말이 바로 '기독'(基督)입니다. 그래서 예수를 구약성경이 예고한 메시아로 믿고 '그리스도'로 모시는 사람들이 기독교인입니다.

한국에선 기독교와 천주교를 별개로 생각하는 사람이 많은데요. 그렇지 않습니다. 기독교가 처음 조선에 들어올 때 '천주교'라는 이름으로 들어오고, 그 뒤 개신교가 들어오면서 '기독교'라는 말을 썼기 때문에 마치 천주교와 기독교가 다른 종교처럼 오해된 거죠. 중국에서 기독교의 신을 '천주'(天主)로 이름 붙였기에 천주교라는 이름이 붙여졌습니다.

예수에서 비롯된 기독교는 단일 교회로 성장하며 '보편적'이라는 뜻의 '가톨릭'으로 스스로를 불렀습니다. 하지만 로마 교황 중심의 가톨릭을 비판하며 16세기에 종교개혁이 일어나면서 가톨릭과 갈라선 성직자들을 '프로테스탄트'라고 했지요. 그들이 '개신교'입니다. 더러는 가톨릭교회(천주교)를 '구교'로, 개신교회를 '신교'로 구분하기도 합니다.

가톨릭과 개신교는 이 책에서 곧 자세히 살펴보겠지만, 일상생활에서 성당과 교회의 차이로 나타납니다. 성당의 신부들은 결혼을 하지 않지만 교회의 목사들은 자유롭게 가정을 가집니다. 가톨릭이 로마 교황청을 중심으로 엄격한 위계질서를 갖는 데 비해 개신교는 로마 교황을 '신의 대리인'으로 인정하지 않습니다. 예배 방식에서도 차이가 나타나지만, 가톨릭과 개신교 모두 기독교입니다.

2장   예수는 누구 아들인가

왜 우리는 2013년, 2014년이라는 '서기'를 쓸까요? 우리가 쓰고 있는 '서기'는 말 그대로 '서력기원'(西曆紀元)이라는 뜻이지요. 바로 예수가 태어난 해를 원년으로 삼습니다.[7] 서기가 지구촌에 보편화해 있을 만큼 예수는 비단 기독교인만이 아니라 서양의 역사와 문화에 크고 깊은 영향을 주었습니다.

예수의 출생에 대해 가장 널리 알려진 이야기는 '처녀의 몸'에서 태어났다는 성경의 '증언'입니다. 어머니 이름은 '마리아'이지요. 신약성경에 따르면 천사가 마리아에게 예고합니다.

"두려워하지 마라, 마리아. 너는 신의 은총을 받았다. 이제 아기를 가져 아들을 낳을 터이니 이름을 예수라 하여라."(누가복음 1:30~31)

예수가 탄생하기 600여 년 전에 이미 이사야가 "처녀가 잉태하여 아들을

---

7 서력기원은 영어 표기 'Incarnation Era'에서도 나타나듯이 예수를 원점으로 삼고 있는데, 6세기에 신학자이자 수도원장이던 디오니시우스 엑시구스(Dionysius Exiguus)가 처음 제안했습니다. 예수가 태어난 이후를 AD(Anno Domini, 기원후)로 약칭해 AD 1년부터 시작하고, 그 이전은 BC(Before Christ, 기원전) 1년부터 거슬러 올라갑니다. 'Anno Domini'는 라틴어로 '그리스도의 해'를 의미합니다.

낳을 것"(이사야서 7:14)이라고 예언했다지요.

현대인 가운데 처녀가 아이를 낳았다는 말을 믿을 사람이 얼마나 될까요? '처녀의 임신'은 도통 이해할 수 없는 일이겠지요. 과학으로는 불가능하니까요. 하지만 신약성경은 마리아가 '동정녀'였음을 명문화하고 있습니다.

'동정녀 마리아'라는 성경의 규정은 "신의 독생자"(요한복음 3:16)라는 말과 짝을 이룹니다. 성경을 한글로 옮길 때만 해도 아직 한자를 많이 쓰던 시대였기에 지금은 흔히 쓰는 말이 아니어서 낯설 수 있는데요. 요즘 말로 다시 옮기면, 예수는 '처녀 마리아의 아들'이자 '신의 외아들'이라는 게 성경의 '증언'입니다.

성경에 기록된 예수의 출생과 어린 시절

왜 성경은 '아들'이 아니라 굳이 '외아들'(영어 성경은 'only Son')이라고 했을까요? 그리스 신화나 여러 지역의 전설에서 흔히 영웅이나 제왕을 '신의 아들'로 높여 부르던 문화를 의식했다고 볼 수 있습니다. 로마제국의 스토아 철학도 현인(賢人)을 '신의 아들'이라 표현했고, 다름 아닌 성경도 모든 인간을 '신의 자녀' 또는 '신의 아들'이라 부르고 있거든요(출애굽기 4:22, 사무엘 하 7:14). 그러니까 예수를 '신의 외아들'이라고 할 때, 그런 일반적 표현과 다르다는 사실을 명시하려는 의도라고 할 수 있겠죠.

예수가 세례를 받을 때 하늘로부터 "내 사랑하는 아들"(마가복음 1:11)이라는 목소리가 들려왔다고 합니다. 예수 또한 신을 '아버지' 또는 '아빠'라고 불렀지요(마가복음 14:36). 〈요한복음〉도 신이 이 세상을 구원하려고 외아들을 보냈다고 선포했습니다(요한복음 3:16).

처녀 마리아의 아들이나 신의 외아들이라는 성경의 증언은 기독교를 믿지 않는 사람들에게는 잘 와 닿지 않을 터입니다. 유대교가 그것을 인정하지 않고 있지요. 이슬람교도 예수가 신의 외아들이라는 데 전혀 동의하지 않습니다. 하물며 유일신 종교를 믿지 않는 문화에선 '유일신의 외아들'이라는 말 자체가 성립되지 않겠죠.

그래서이죠. 기독교인이든 아니든 일단 역사적으로 실존했던 예수를 톺아볼 필요가 있습니다.

예수의 출생을 기점으로 서력기원을 잡았습니다만, 그 제안이 처음 나온 6세기 이후 새로운 사실들이 밝혀졌습니다. 성경의 기록자마다 예수의 출생연도를 다르게 썼다는 거죠. 가령 〈마태복음〉을 보면 예수가 태어날 때 로마제국으로부터 임명된 유대 지역의 권력자가 헤롯 왕으로 나옵니다. 그런데 헤롯은 기원전 4년에 죽었지요. 어떻게 된 걸까요? 〈누가복음〉은 구레뇨가 수리아 총독으로 호구조사를 할 때에 예수가 태어났다고 기록했습니다. 그런데 그의 총독 재임 기간은 기원후 6년에서 9년입니다.

결국 예수가 태어나던 해가 최대 13년 차이가 납니다. 하지만 구레뇨가 그 이전에도 수리아 총독으로 재임했었다는 연구가 나왔고, 〈누가복음〉의 원문을 보면 반드시 '호구조사를 할 때'라고 해석할 수 없다는 주장도 나왔지요. 지금 대다수 성경학자는 예수의 탄생을 기원전 4년으로 보고 있습니다.

예수의 출생은 〈마태복음〉과 〈누가복음〉에만 기록되어 있는데요. 두 기록에 따르면, 어머니 마리아가 목수 요셉과 약혼만 한 처녀 상태에서 예수를 임신했고, 베들레헴에서 출산했습니다. 〈마태복음〉에 따르면, 예수가 태어날 때 동쪽에서 별을 보고 온 '동방박사'들이 경배하러 찾아옵니다. 학자들은 그들을 조로아스터교의 성직자로 보고 있지요.

어느 날 요셉에게 천사가 꿈에 나타나 헤롯 왕이 아기를 죽이려고 하니 이집트로 빨리 피하라고 일러줍니다. 세 식구는 이집트로 옮겨가 헤롯 왕이 죽고 나서야 돌아오지요. 그리고 갈릴리 지역의 한 마을인 나사렛에서 살아갑니다.

〈누가복음〉이 전하는 출생 분위기는 사뭇 다릅니다. 출산이 가까워온 마리아가 다윗의 후손인 요셉의 고향에서 아기를 낳으려고 베들레헴으로 가는 길에 진통이 오지요. 그런데 이미 여관들은 방이 다 차서 어쩔 수 없이 외양간으로 가 그곳에서 출산합니다. 예수는 가축들의 먹이통인 구유에 눕혀지지요. 하지만 '하늘 군대'의 축복을 받습니다.[8]

---

8 〈누가복음〉을 볼까요. "그 지역에서 목자들이 밤에 들에서 지내며 그들의 양 떼를 지키고 있었다. 그런데 주님의 한 천사가 그들에게 나타나고, 주님의 영광이 그들을 두루 비추니, 그들은 몹시 두려워하였다. 천사가 그들에게 말하였다. '두려워하지 말아라. 나는 온 백성에게 큰 기쁨이 될 소식을 너희에게 전하여준다. 오늘 다윗의 동네에서 너희에게 구주가 나셨으니, 그는 곧 그리스도 주님이시다. 너희는 한 갓난아기가 포대기에 싸여 구유에 뉘어 있는 것을 볼 터인데, 이것이 너희에게 주는 표징이다.' 갑자기 그 천사와 더불어 많은 하늘 군대가 나타나서, 신을 찬양하여 말하였다. '더없이 높은 곳에서는 신께 영광이요, 땅에서는 주님께서 좋아하시는 사람들에게 평화로다.' (…) 모세의 법대로 그들이 정결하게 되는 날이 차서, 그들은 아기를 주님께 드리려고 예루살렘으로 데리고 올라갔다. (…) 주님의 율법에 이르신 바 '산비둘기 한 쌍이나, 어린 집비둘기 두 마리를 드려야 한다' 한 대로, 희생제물을 드리기 위한 것이었다. 그런데 마침 예루살렘에 시므온이라는 사람이 있었는데, 그 사람은 의롭고 경건한 사람이므로 이스라엘이 받을 위로를 기다리고 있었고, 또 성령이 그에게 임하여 계셨다. 그는 주님께서 세우신 그리스도를 보기 전에는 죽지 아니할 것이라는 성령의 지시를 받은 사람이었다. 그가 성령의 인도로 성전에 들어갔을 때에, 마침 아기의 부모가 율법이 정한 대로 행하고자 하여, 아기 예수를 데리고 들어왔다. 시므온이 아기를 자기 팔로 받아서 안고, 신을 찬양하여 말하였다. '주님, 이제 주님께서는 주님의 말씀을 따라, 이 종을 세상에서 평안히 떠나가게 해주십니다. 내 눈이 주님의 구원을 보았습니다. 주님께서 이것을 모든 백성 앞에 마련하셨으니, 이는 이방 사람들에게는 계시하시는 빛이요, 주님의 백성 이스라엘에게는 영광입니다.' 아기의 아버지와 어머니는 시므온이 아기에 대하여 하는 이 말을 듣고서, 이상하게 여겼다. 시므온이 그들을 축복한 뒤에, 아기의 어머니 마리아에게 말하였다. '보십시오, 이 아기는 이스라엘 가운데 많은 사람을 넘어지게도 하고 일어서게도 하려고 세우심을 받았으며, 비방받는 표징이 되게 하려고 세우심을 받았습니다. 그리고 칼이 당신의 마음을 찌를 것입니다. 그리하여 많은 사람의 마음속 생각들이 드러나게 될 것입니다.'" (누가복음 2:8~35)

마태와 누가가 전하는 예수의 출생 상황은 다르지만, 예수가 요셉과 마리아의 보호 아래 갈릴리에서 무럭무럭 커갔다는 것은 공통됩니다. 그런데 당시 '정통 유대인'들은 갈릴리에 사는 사람들을 깔보고 차별했지요. 요컨대 예수는 로마제국의 식민지인 유대 지역, 그중에서도 차별받는 땅에서 태어나 그곳에서 뼈가 굵은 셈입니다.

어린 시절의 기록은 오직 〈누가복음〉에만 나옵니다. 예수가 열두 살 때, 부모와 함께 예루살렘 성전에 갑니다. 성직자들과 즉석 토론을 하는데, 소년의 슬기에 모두 경탄했다고 합니다. 소년 예수는 성전을 "내 아버지의 집"이라고 당당하게 말하지요.

그때부터 서른 살이 될 때까지는 성경에 어떤 기록도 남아 있지 않습니다. 서른 살[9]이 되었을 때 예수는 요한에게 가서 세례를 받습니다. 그때 하늘이 갈라지고 비둘기처럼 내려오는 성령을 보았지요. 앞서 말했듯이, 그때 "내 사랑하는 아들"이라는 소리도 듣습니다.

세 가지 유혹을 물리치고 자비를 가르치다

예수는 널리 알려진 대로 광야로 갑니다. 40일 내내 금식하고 기도했지요. 40일이 지났을 때 사탄의 유혹을 받습니다. 사탄은 예수에게, 네가 정말 신의 아들이라면 돌을 떡으로 만들어보라고 하죠. 예수는 "사람이 빵으로만 살 것이 아니라, 신의 입에서 나오는 모든 말씀으로 살 것"(마태복음 4:4)이라고 말합

9 유교의 창시자로 꼽히는 공자도 서른 살을 '이립'(而立)으로 특별한 의미를 부여했습니다. '이립'은 '서서 움직이지 않는다'로, 인생의 모든 기초를 세웠다는 뜻입니다.

니다.

사탄은 다시 예수에게, 신의 아들이라면 성전 꼭대기에서 아래로 뛰어내려 보라고 하지요. 예수는 답합니다. "주 너의 신을 시험하지 말라." 사탄은 예수를 다시 산꼭대기로 데려갑니다. 산 아래 펼쳐진 세상을 보여주며, 예수가 자기에게 엎드려 경배하면 모든 걸 주겠다고 유혹합니다. 예수는 "주 너의 신께 경배하고, 그분만을 섬기라"며 사탄을 물리칩니다.

어떤가요. 단순히 넘길 이야기가 아닙니다. 사탄의 유혹은 오늘을 살아가는 우리에게도 강력하거든요. 만일 누군가가 돌을 떡으로 만들 수 있다면, 그는 21세기인 오늘날에도 세계 최고의 부자가 될 게 분명합니다. 높은 건물에서 뛰어내려도 전혀 다치지 않는다면, 그의 명성은 '슈퍼맨'을 능가하겠지요. 사탄의 마지막 유혹은 정치권력을 주겠다는 거죠. 사탄의 유혹은 인간의 내면에 깃든 욕망들입니다. 부와 명성, 권력이지요.

핵심은 예수가 그 세 가지 유혹을 물리친 데 있습니다. 그러니까 부와 명성, 권력의 유혹으로부터 벗어나라는 게 예수의 가르침이지요.

광야에서 나온 예수는 '차별의 땅' 갈릴리로 돌아가 사람들을 일깨워갑니다. 기독교는 그걸 '복음'이라고 합니다.

예수의 가르침의 고갱이는 사랑이요, 자비였습니다. 예수는 "너희의 아버지께서 자비로우신 것같이, 너희도 자비로운 사람이 되어라"(누가복음 6:36)며 '자비'를 강조했습니다. '자비'를 뜻하는 영어 'mercy'는 'compassion'을 포함하지요. 'compassion'을 어원으로 분석하면 '아픔을 함께한다'는 뜻입니다. 예수는 전염병에 걸린 사람, 몸을 파는 여성처럼 천시당한 사람은 물론, 세금을 거두어가는 세리처럼 원성을 받고 있던 사람들의 손까지 기꺼이 잡아주었습니다.

예수는 유대교의 예배 장소인 회당에서 사람들에게 사랑과 자비를 가르치며 병이 든 사람과 몸이 허약한 사람에게 힘을 주었지요. '산상수훈'(산에서 준 교훈, 마태복음 5~7장)에서 예수는 쉽고 명확하게 삶의 길을 가르칩니다.

"너희는 남에게서 바라는 대로 남에게 해주어라. 이것이 율법과 예언서의 정신이다. 좁은 문으로 들어가거라. 멸망에 이르는 문은 크고 또 그 길이 넓어서 그리로 가는 사람이 많지만, 생명에 이르는 문은 좁고 또 그 길이 험해서 그리로 찾아드는 사람이 적다."(마태복음 7:12~13)

예수는 누구라도 자신의 도움을 필요로 하는 사람에겐 아무 조건 없이 다가갔습니다. 모든 차별, 모든 장벽을 넘어, 고통당하는 사람과 그것을 함께 나누는 '자비'를 실천하고 가르쳤지요. 말이 쉽지, 창녀를 식탁에 불러 함께 식사하기는 쉬운 일이 아닙니다. '정결'을 중시했던 유대교 성직자들 눈에 예수는 '불결한 창녀'와 어울려 다니는 '타락한 술주정뱅이'이자 '먹보'였습니다.

종교 지도자들의 위선에 맞서다

예수의 길은 순탄하지 않았습니다. 자신에게 모여드는 사람들 가운데 '열두 제자'를 선발했습니다만, 가장 먼저 고향 사람들이 예수에게 '돌'을 던집니다.

고향 나사렛에 갔을 때 회당에 선 예수는 이사야의 예언을 인용해 말했습니다.

"주님의 성령이 나에게 내리셨다. 주께서 나에게 기름을 부으시어 가난한 이들에게 복음을 전하게 하셨다. 주께서 나를 보내시어 묶인 사람들에게는 해방을 알려주고, 눈먼 사람들은 보게 하고, 억눌린 사람들에게는 자유를 주며 주님의 은총의 해를 선포하게 하셨다."(누가복음 4:18~19)

하지만 고향 사람들은 목수 요셉의 아들 예수가 '구세주'라고 생각하지 않습니다. 더구나 예수가 유대 민족만의 구원을 넘어 인류의 구원을 강조하자 화를 냅니다. 예수를 동네 밖까지 거칠게 몰아내고, 심지어 산벼랑까지 끌고 가 밀어버리려 했지요.

가까스로 위기를 모면한 예수는 갈릴리를 떠나면서 제자들에게 구세주로서 자신의 사명을 들려줍니다. 예수는 비단 고향에서만 배척받지 않았습니다. 예수가 가르친 사랑의 복음은 단지 '좋은 소리'이거나 '기쁜 소식'이 아니었기 때문입니다.

예수의 사랑과 복음은 그 안에 날카로운 비판의 칼날을 담고 있었습니다. 예수는 유대인들에게 막강한 권위를 지닌 유대교 종교 지도자들과 정면으로 맞섰지요.

명성도 돈도 권력도 없으면서 예수는 유대교 성직자들을 겨냥해 "독사의 자식"이라는 날 선 비판을 서슴지 않았습니다. 그들이 유대교를 형식적인 종교, 더 나아가 위선적인 종교로 변질시켰다고 판단했지요. "회칠한 무덤"이라는 표현도 그 연장선입니다.

율법을 강조하고 정결을 주창하면서 뒤로는 율법이나 정결과는 동떨어진 삶을 살아가는 종교 지도자들의 위선을 예수는 그냥 지켜보지 않았습니다. 율법을 지키지 않는다는 이유로 사람들을 정죄하는 그들에게 예수는 "안식일이 사람을 위하여 생긴 것이지, 사람이 안식일을 위하여 생긴 것이 아니다"(마가복음 2:27)라고 말합니다.

율법을 얼마나 잘 지켰느냐가 아니라 얼마나 사랑했느냐, 얼마나 자비를 실천했느냐가 중요하다는 거죠. 〈마태복음〉 25장을 보면 예수의 참뜻이 참 쉽고 참 준엄하게 나타납니다.

"사람의 아들이 영광을 떨치며 모든 천사들을 거느리고 와서 영광스러운 왕좌에 앉게 되면 모든 민족을 앞에 불러놓고 마치 목자가 양과 염소를 갈라놓듯이 그들을 갈라 양은 오른편에, 염소는 왼편에 자리 잡게 할 것이다.

그때에 그 임금은 자기 오른편에 있는 사람들에게 이렇게 말할 것이다. ‘너희는 내 아버지의 복을 받은 사람들이니 와서 세상 창조 때부터 너희를 위하여 준비한 이 나라를 차지하여라. 너희는 내가 굶주렸을 때에 먹을 것을 주었고, 목말랐을 때에 마실 것을 주었으며, 나그네 되었을 때에 따뜻하게 맞이하였다. 또 헐벗었을 때에 입을 것을 주었으며, 병들었을 때에 돌보아주었고, 감옥에 갇혔을 때에 찾아주었다.’

이 말을 듣고 의인들은 이렇게 말할 것이다. ‘주님, 저희가 언제 주님께서 주리신 것을 보고 잡수실 것을 드렸으며, 목마르신 것을 보고 마실 것을 드렸습니까? 또 언제 주님께서 나그네 되신 것을 보고 따뜻이 맞아들였으며, 헐벗으신 것을 보고 입을 것을 드렸으며, 언제 주님께서 병드셨거나 감옥에 갇히신 것을 보고 저희가 찾아가 뵈었습니까?’

그러면 임금은 ‘분명히 말한다. 너희가 여기 있는 형제 중에 가장 보잘것없는 사람 하나에게 해준 것이 바로 나에게 해준 것이다’ 하고 말할 것이다.

그리고 왼편에 있는 사람들에게는 이렇게 말할 것이다. ‘이 저주받은 자들아, 나에게서 떠나 악마와 그의 졸도들을 가두려고 준비한 영원한 불 속에 들어가라. 너희는 내가 주렸을 때에 먹을 것을 주지 않았고, 목말랐을 때에 마실 것을 주지 않았으며, 나그네 되었을 때에 따뜻하게 맞이하지 않았고, 헐벗었을 때에 입을 것을 주지 않았으며, 또 병들었을 때나 감옥에 갇혔을 때에 돌보아

주지 않았다.'

이 말을 듣고 그들도 이렇게 대답할 것이다. '주님, 주님께서 언제 굶주리고 목마르셨으며, 언제 나그네 되시고 헐벗으셨으며, 또 언제 병드시고 감옥에 갇히셨기에 저희가 모른 체하고 돌보아드리지 않았다는 말씀입니까?'

그러면 임금은 '똑똑히 들어라. 여기 있는 형제들 중에 가장 보잘것없는 사람 하나에게 해주지 않은 것이 곧 나에게 해주지 않은 것이다' 하고 말할 것이다.

이리하여 그들은 영원히 벌 받는 곳으로 쫓겨날 것이며, 의인들은 영원한 생명의 나라로 들어갈 것이다."(마태복음 25:31~46)

예수는 우리가 살아가고 있는 곳에서 "가장 보잘것없는 사람"을 어떻게 대하느냐가 곧 자신(신)에게 행하는 것이라고 또렷한 어법으로 경고했습니다.

네 이웃을 네 몸같이 사랑하라

그럼에도 마음이 놓이지 않았을까요? 예수는 제자들과 지상에서 마지막 저녁 식사를 나누던 자리에서 조용히 일어납니다. 겉옷을 벗고 대야에 물을 담아 온 뒤 제자들의 발을 씻기기 시작합니다. 제자들은 갑작스러운 예수의 행동에 당황할 수밖에요. 예수는 제자들의 발을 다 씻긴 뒤 다시 옷을 입고 앉아 고요히 가르치지요.

"내가 왜 지금 너희의 발을 씻어주었는지 알겠느냐? 너희는 나를 스승 또는 주라고 부른다. 그것은 사실이니 그렇게 부르는 것이 옳다. 그런데 스승이며 주인 내가 너희의 발을 씻어주었으니 너희도 서로 발을 씻어주어야 한다.

내가 너희에게 한 일을 너희도 그대로 하라고 본을 보여준 것이다."(요한복음 13:12~15)

제자들의 발을 씻어주며, 선생인—또는 주님인—내가 너희들의 발을 씻어주었으니, 너희도 서로 발을 씻어주라는 당부입니다. 단순히 말로만 하지 않았지요. 실천으로 보여준 뒤 곧이어 예수는 명확하게 선언합니다.

"내가 너에게 새로운 계명을 준다. 서로 사랑하라. 내가 너를 사랑한 것처럼 너희도 서로 사랑하라."(A new command I give you: Love one another. As I have loved you, so you must love one another. 요한복음 13:34)

율법학자들이 예수를 시험하기 위해 "모든 계명 가운데서 가장 으뜸 되는 것"은 무엇인가를 물었을 때도 전혀 머뭇거림 없이 밝힙니다. "우리 신이신 주님은 오직 한 분이신 주님이시다. 네 마음을 다하고, 네 목숨을 다하고, 네 뜻을 다하고, 네 힘을 다하여, 너의 신이신 주님을 사랑하라"가 첫째라고 답한 뒤, 곧장 "네 이웃을 네 몸같이 사랑하라"며 강조합니다. "이 계명보다 더 큰 계명은 없다."

성경은 율법학자가 예수의 설명에 동의했다고 전합니다. "선생님, 옳은 말씀입니다. 신은 한 분이시요, 그 밖에 다른 이는 없다고 하신 그 말씀은 옳습니다. 또 마음을 다하고 지혜를 다하고 힘을 다하여 신을 사랑하는 것과 이웃을 자기 몸같이 사랑하는 것이 모든 번제와 희생제보다 더 낫습니다."

예수는 율법학자에게 화답합니다.

"너는 신의 나라에서 멀리 있지 않다."(마가복음 12:28~34)

예수가 저녁 식사 자리에서 제자들의 발을 씻어주며 가르침을 주었는데, 여기서 문득 궁금할 수 있겠지요. 예수는 대체 자신의 최후를 어떻게 짐작할 수 있었을까?

〈최후의 만찬〉(야코포 틴토레토).

짐작건대 자신을 미워하고 심지어 죽이고 싶어 하는 사람들의 움직임을 예민하게 파악하고 있었기 때문 아닐까요. 예수는 자신이 아끼던 열두 제자 가운데 한 명이 배신하리라는 불길한 예감도 떨칠 수 없었습니다.

따지고 보면, 유대교 종교 지도자들에게 예수는 눈엣가시일 수밖에 없었습니다. 자신들을 겨누어 '위선자'라거나 '독사의 자식'이라고 몰아쳤기 때문이지요.

율법을 엄격하게 지켜야 한다는 '율법주의자들'을 일러 예수가 '위선자들'이라고 단언한 까닭은 그들이 사람들에게 십일조를 바치라는 율법은 강조하면서 정작 "정의와 자비와 신의 같은 아주 중요한 율법은 대수롭지 않게 여긴다"고 판단해서입니다. 예수의 분노는 성경에 생생하게 그려져 있습니다.

"이 눈먼 인도자들아, 하루살이는 걸러내면서 낙타는 그대로 삼키는 것이 바로 너희들이다. 율법학자들과 바리새파 사람들아, 너희 같은 위선자들은 화를 입을 것이다. 너희는 잔과 접시의 겉만은 깨끗이 닦아놓지만 그 속에는 착취와 탐욕이 가득 차 있다. 이 눈먼 바리새파 사람들아, 먼저 잔 속을 깨끗이 닦아라. 그래야 겉도 깨끗해질 것이다. 율법학자들과 바리새파 사람들아, 너희 같은 위선자들은 화를 입을 것이다. 너희는 겉은 그럴싸해 보이지만 그 속에는 죽은 사람의 뼈와 썩은 것이 가득 차 있는 회칠한 무덤 같다. 이와 같이 너희도 겉으로는 옳은 사람처럼 보이지만 속은 위선과 불법으로 가득 차 있다.

율법학자들과 바리새파 사람들아, 너희 같은 위선자들은 화를 입을 것이다. 너희는 예언자들의 무덤을 단장하고 성자들의 기념비를 장식해 놓고는 '우리가 조상들 시대에 살았더라면 조상들이 예언자들을 죽이는 데 가담하지 않았을 것이다' 하고 떠들어댄다. 이것은 너희가 예언자를 죽인 사람들의 후손이라는 것을 스스로 실토하는 것이다. 그러니 너희 조상들이 시작한 일을 마저 하여라. 이 뱀 같은 자들아, 독사의 족속들아! 너희가 지옥의 형벌을 어떻게 피하랴?"(마태복음 23:23~33)

그랬습니다. 예수는 유대교 성직자들이 '율법 준수'를 명분으로 일하는 사람들 호주머니에서 십일조는 꼬박꼬박 챙기면서도 더 중요한 '정의와 자비와 신의'의 율법은 지키지 않는다며 "뱀 같은 자들"이라고 질타했습니다. 그 비판을 받은 성직자들은 예수를 어떻게 생각했을까요?

유대교 성직자들이 더는 예수를 그대로 둘 수 없다고 판단한 사건이 일어납니다. 예수가 제자들과 더불어 예루살렘으로 들어갔을 때지요. 성전 안에서 장사하는 사람들을 발견한 예수는 '과격한 행동'에 나섭니다.

"예수께서 성전에 들어가셔서, 성전 뜰에서 팔고 사고 하는 사람들을 내쫓으시면서 돈을 바꾸어주는 사람들의 상과 비둘기를 파는 사람들의 의자를 둘러엎으시고, 성전 뜰을 가로질러 물건을 나르는 것을 금하셨다. 예수께서는 가르치시면서, 그들에게 말씀하셨다. '기록한 바 내 집은 만민이 기도하는 집이라고 불릴 것이다' 하지 않았느냐? 그런데 너희는 그곳을 '강도들의 소굴'로 만들어버렸다."(마가복음 11:15~17)

놀라운 일입니다. 성전에 들어갔다가 그곳에서 돈을 바꿔주거나 상품을 팔아 돈을 벌고 있는 사람들을 보자 예수는 거침없이 돌진해 갑니다. 좌판을 엎어버리는 예수의 '폭력'을 눈앞에 그려보기 바랍니다.

성전 안에서 돈을 버는 상인들에게 성직자들은 돈을 받고 있었겠지요. 그들에게 예수의 모습은 '불순한 청년'을 넘어 위험하게 다가왔을 게 분명합니다. 실제로 〈마가복음〉은 바로 이어 다음과 같이 기록하고 있지요.

"대제사장들과 율법학자들이 이 말씀을 듣고서는, 어떻게 예수를 없애버릴까 하고 방도를 찾고 있었다."(마가복음 11:18)

예수는 그들의 의중을 간파했지만 타협하지 않습니다. 제자들에게 왜 자신이 율법주의자들과 맞서는지를 아주 구체적으로 밝힙니다.

"율법학자들을 조심하여라. 그들은 예복을 입고 다니기를 좋아하고, 장터에서 인사 받기를 좋아하고, 회당에서는 높은 자리에 앉기를 좋아하고, 잔치에서는 윗자리에 앉기를 좋아한다. 그들은 과부들의 가산을 삼키고, 남에게 보이려고 길게 기도한다. 이런 사람들이야말로 더 엄한 심판을 받을 것이다."(마가복음 12:38~40)

예수가 적시한 율법학자들의 언행. 어디선가 많이 본 듯하지 않은가요?

아무튼 예수는 다가오는 위험을 직시하고 제자들과 목요일 저녁에 다락방에서 '최후의 만찬'을 열죠. 앞서 말했듯이, 제자들의 발을 씻기고 더불어 떡과 포도주를 나눠주면서 그것이 "나의 몸, 나의 피"라고 말합니다.

십자가에서 처형당하다

예수는 제자들이 단순히 자신을 기억하라고 최후 만찬을 열지 않았습니다. 자신의 가르침, 그 가르침을 삶으로 실천하는 과정에서 끝내 큰못이 박히고 날카로운 창에 찔리는 몸, 거기서 하염없이 흘러내린 피를 결코 잊지 말라는 당부를 담았습니다. 예수는 포도주가 "죄를 사하여 주려고 많은 사람을 위하여 흘리는 나의 피, 곧 언약의 피"(마태복음 26:28)라고 강조합니다.

살과 피를 나눈 예수는 바로 이어 제자들에게 "오늘 밤에 너희는 모두 나를 버릴 것"(마태복음 26:31)이라고 쓸쓸하게 단언합니다. 베드로를 비롯한 제자들이 발끈해서 절대로 버리지 않겠다고 다짐하지요.

하지만 예수는 "비록 모든 사람이 다 주님을 버릴지라도, 나는 절대로 버리지 않겠습니다"라고 맹세하는 베드로에게 말합니다. "내가 진정으로 네게 말한다. 오늘 밤에 닭이 울기 전에, 네가 세 번 나를 모른다고 할 것이다."

베드로는 그럴 리 없다고 단호히 부인합니다. 예수는 말없이 제자들과 감람산 겟세마네 동산으로 걸어갑니다. 홀로 기도하기 위해 제자들과 조금 거리를 두고 앉기 전에 "내 마음이 괴로워 죽을 지경이다. 너희는 여기에 머무르며 나와 함께 깨어 있어라" 하고 말하지요.

대체 예수는 무엇이 그렇게 괴롭기에 "죽을 지경"이라고 토로했을까요?

예수는 얼굴을 땅에 대고 엎드려서 기도합니다.

"나의 아버지, 하실 수만 있으시면, 이 잔을 내게서 지나가게 해주십시오. 그러나 내 뜻대로 하지 마시고, 아버지의 뜻대로 해주십시오."

기도를 마치고 제자들에게 돌아와 보니, '깨어 있어라'고 당부까지 했는데도 제자들은 모두 자고 있었습니다. 얼마나 절망했을까요.

예수는 베드로에게 말합니다. "이렇게 너희는 한 시간도 나와 함께 깨어 있을 수 없느냐?" 우리는 여기서 왜 예수가 "괴로워 죽을 지경"이었는지 짐작할 수 있겠지요. 자신은 곧 세상을 떠야 하는데 제자들의 느슨한 모습을 보니 억장이 무너지겠지요.

하지만 예수는 절망에 잠기지 않습니다. "시험에 빠지지 않도록, 깨어서 기도하여라. 마음은 원하지만, 육신이 약하구나!"라고 제자들을 격려합니다. 이어 다시 기도합니다.

"나의 아버지, 내가 마시지 않고서는 이 잔이 내게서 지나갈 수 없는 것이면, 아버지의 뜻대로 해주십시오."

곧이어 제자 가운데 하나인 유다의 배신으로 예수는 체포됩니다. 유다는 유대교 사제들을 찾아가서, 사람들의 눈귀를 피할 수 있는 밤을 이용해 예수를 체포할 수 있도록 돕겠다고 제안했습니다. 물론, 대가는 돈이었지요.

예수는 한밤의 고독한 기도를 마친 뒤 끌려갔습니다. 예수가 체포당한 뒤 제자들은 두려움으로 뿔뿔이 흩어졌지요. 베드로는 "너도 예수의 제자가 아니냐?"는 추궁에 단호히 부인합니다. 그것도 예수가 정확히 예견했듯이 세 번이나 부정하죠.

예수는 유대교 성직자들에게 혹독한 심문을 받습니다. 종교 지도자인 대제사장은 "예수가 신의 아들을 자처하는 것은 신성모독"이라며 로마 총독 빌라도(Pontius Pilatus)에게 처형을 요구합니다.

빌라도는 넘겨받은 예수를 '위험인물'이 아니라고 판단했습니다. 유대교 성직자들이 예수를 죽이려고 안달하는 이유도 분석해 보았지요. 예수가 그들의 위선을 끊임없이 비판하니 그냥 둘 수도 없고, 더구나 민중이 그들보다 예수를 더 믿고 따르기 때문에 시기해서라고 짐작했습니다.

성경의 기록을 보더라도 총독 빌라도는 축제일마다 죄수 한 명을 특별사면하는 관례를 예수에게 적용해 풀어주려고 했습니다. 그래서 '살인강도죄'로 체포된 바라바와 '신성모독죄'로 붙잡힌 예수 두 명을 놓고 어느 쪽을 용서할 것인가를 군중들에게 물었지요. 빌라도는 당연히 예수 쪽을 선택하리라고 예상했습니다.

하지만 유대교 성직자들은 군중을 선동해 바라바를 풀어달라고 외칩니다. 그들에게 더 큰 '위협'은 살인강도가 아니라 예수였던 거죠.

예수는 사형선고를 받자마자 가혹한 매질을 당한 뒤에 '골고다 언덕'까지 무거운 십자가 들보를 걸머지고 걸어갑니다. 언덕 위에서 십자가에 대못이 박힌 채 죽임을 당하지요.

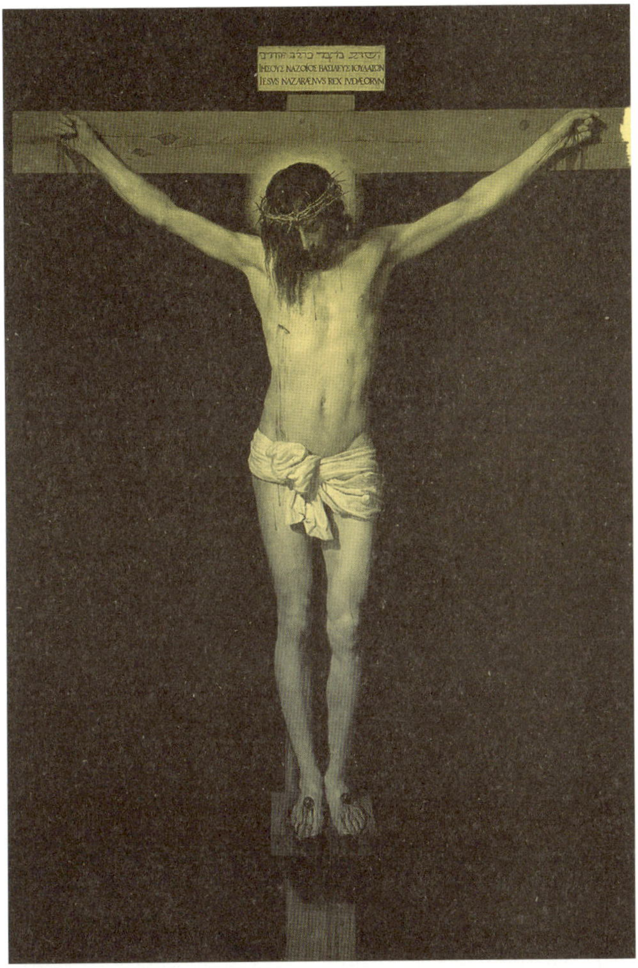

〈십자가에 못 박힌 그리스도〉(디에고 벨라스케스).

십자가는 예수의 시대보다 500년 전에 고대 페르시아의 황제 다리우스(Darius)가 바빌론의 주민 3000여 명을 처형할 때 처음 등장한 것으로 추정됩니다. 로마인들도 정치범이나 노예에게 십자가 형벌을 내렸지요. 로마제국의 시민들은 십자가에 매달지 않았습니다. 참수를 하는 게 고통 없이 죽이는 '자비로운 처형'이라고 판단해서인데요. 그 사실은 십자가 처형이 그만큼 고통스러웠다는 것을 입증해 줍니다.

로마 시대의 지성인 키케로(Marcus Tullius Cicero)가 말했듯이, 십자가 처형은 "가장 잔인하고 불쾌한 방식"이었습니다. 사형수는 혹독한 매질로 치욕을 당한 뒤, 십자가 들보를 지고 처형장으로 갑니다. 당시 처형은 사람들에게 '본보기'를 보여주기 위해 모든 과정을 공개했지요. 언덕 위나 길가에 십자가를 세운 이유가 거기에 있습니다. 죄목과 함께 십자가에 못 박힌 '죄인'은 기력이 소진되거나 심장마비로 죽었지요. 며칠씩이나 죽지 않고 매달려 있는 사람도 있었지만, 예수는 곧 숨을 거뒀습니다. 이미 그 이전에 극심한 매질을 당했기에 기력이 소진되었거든요.

예수가 처형당한 이유를 놓고 다른 해석도 있습니다. 당시 로마제국은 정치범에게만 십자가형을 선고했다는 사실, 로마 총독은 유대인들의 저항운동이 종종 일어나 늘 통제의 끈을 늦추지 않고 있었다는 사실, 특히 예수의 고향 갈릴리는 무력 봉기로 유대인들의 왕국을 세우려는 사람들이 많았고 그 운동의 본거지였다는 사실을 근거로 듭니다. 예수를 따르는 민중이 늘어나자 로마제국이 위협을 느껴 처형했다는 거죠. 실제로 로마 총독에게 예수는 민중을 선동해 제국의 질서를 위협하는 '불순 세력의 수괴'로 보였을 가능성이 높습니다. 요즘의 표현으로는 '국가보안법 위반'인 셈이지요.

그럼에도 기독교가 형성되어 가던 초기에 복음서를 쓴 사람들이 유대인에 대한 적대감 때문에 예수를 죽인 주체를 로마제국의 총독이 아닌 유대교 성직자들로 몰아갔다는 겁니다.

실체적 진실을 정확히 파악하긴 어렵습니다. 유대교 성직자와 로마제국의 이해관계가 맞아떨어져 예수를 죽이는 데 공모했다고 보는 게 가장 진실과 가깝지 않을까요? 다만, 성경에 근거하면 유대교 성직자들의 책임이 더 큽니다.[10]

지금까지 예수의 출생부터 죽음까지를 살펴보았는데요. 자, 그럼 예수는 누구 아들일까요? 앞 장에서 신의 이름은 '하나님'이 맞는가, '하느님'이 맞는가를 물었지요. '하나님'도 맞고 '하느님'도 맞고, '야훼'도 맞고 '갓'도 맞고 '알라'도 맞다는 진실을 알아보았는데요. 예수는 그 여러 유일신의 이름 가운데 누구의 아들일까요?

기독교 2000년 역사에서 예수가 누구인가를 묻는 질문은 끊임없이 이어졌습니다. 예수가 신의 아들이라면, 예수는 신일까요, 인간일까요? 곧 이 책에서 상세히 논의하겠지만, 기독교는 그 물음의 대답을 예수가 활동하던 시기에서 300여 년이 지나서야 가까스로 결론 내립니다.

---

10 진실이 어떻든 역사 속에서 기독교인들 다수가 유대인이 예수를 죽였다고 확신해 지난 2000여 년에 걸쳐 '반 유대 정서'를 퍼뜨려온 것은 분명한 사실입니다. '연좌제'의 일종으로 기독교의 어두운 역사 가운데 하나이지요.

예수의 얼굴은 어떻게 생겼나요?

성경은 예수의 얼굴이 어떻게 생겼는가에 대해서는 전혀 묘사하지 않습니다. 외모를 기록하는 것은 옳지 못하다고 판단했겠지요. 초기 기독교 미술 작품에 '수염 없는 청년'으로 예수가 그려진 이유는 그림을 그린 작가들이 수염을 기르지 않는 문화권에 속해 있었기 때문으로 분석합니다. 화가들은 자신들이 그린 예수상이 당대의 문화를 반영할 수밖에 없다는 사실을 성찰하지 못한 듯합니다. 유럽의 미술가들이 예수를 '금발의 백인'으로 그린 것이 대표적 보기, 아니 '착각'이지요.

르네상스 시대에 오면 예수 그림은 당시 화가들이 즐겨 그렸던 완벽한 몸을 드러냅니다. 하지만 그런 예수의 이미지는 1세기에 살았던 유대인 목수와 거리가 있을 수밖에 없습니다. 지금까지 한국 사회에 전해온 예수의 얼굴, 그래서 '예수' 하면 떠오르는 얼굴은 유럽의 성화에 그려진 예수도 아닙니다. 성화의 그림을 미국식으로 변형해 할리우드가 대량으로 유포한 예수, '금발에 푸른 눈'의 예수이지요. 지금도 대형 교회에서 '전도'하는 그림에 정형화된 얼굴로 나타납니다.

그렇다고 해서 한국화가 김기창이 그렸듯이 갓을 쓰고 도포를 입은 예수상이 옳다거나, 군이 '흑인 예수'로 형상화해야 한다는 뜻은 아닙니다.

하지만 예수의 실제 얼굴은 그가 누구의 아들인가를 상상하는 데 중요한 자료가 됩니다. 흥미로운 사실은 영국의 공영방송 BBC가 2001년에 방영한 다큐멘터리 〈신의 아들〉을 제작하며 복원한 예수의 얼굴입니다

21세기 첨단 기술로 복원한 사진에서 예수는 두툼한 코, 구릿빛 살갗, 검은 반고수머리의 '평범한 얼굴'로 나타납니다. 미국식 예수 얼굴과는 물론, 유럽 예술 작품에 나타났던 가냘프고 창백한 얼굴과 큰 차이가 있죠. BBC의 의뢰를 받아 복원을 주도한 맨체스터 대학 교수는 "1세기께 예루살렘에 살던 유대인의 두개골과 이라크 북부의 한 사원에서 발견된 예수상의 머리카락과 턱수염, 피부색을 토대로 제작했다"고 밝혔는데요. 그 얼굴이 바로 예수의 얼굴이라고 확정할 수는 없겠지만, 현재까지 인류가 지닌 최첨단 기술로 가장 가깝게 접근한 형상임은 분명합니다.

왼쪽 그림: 6세기에 그려진 현존하는 예수의 오래된 초상화 중의 하나. 아마포를 댄 나무판에 에그템페라로 그린 이 작품은 13세기에 콘스탄티노플에서 서방으로 넘어와 1587년부터 로마, 1870년 이후 바티칸에 보관되어 있습니다.
오른쪽 그림: BBC가 복원한 예수의 얼굴 모습.

역사 속의 예수는 어떤 사람이었나요?

예수의 얼굴처럼, 예수의 청소년 시절도 전혀 기록이 없습니다. 다만, 금발에 푸른 눈을 가진 백인의 아들은 틀림없이 아닙니다. 그런 발상은 유일신을 '금발에 푸른 눈'으로 상정하는 고정관념과 다를 게 없지요.

기독교인에게 예수는 단연 '신의 외아들'입니다만, 예수를 유일신의 아들이 아니라고 보는 유일신 신자들—기독교인보다 앞서 유대교인, 그 뒤로 이슬람교인—도 있습니다. 유대교는 예수를 예언자로 인정하면서도 『탈무드』의 일부 대목에선 '로마 병사와 마리아 사이의 사생아' 또는 '기적을 일으키는 요술쟁이'로 언급하고 있습니다. 이슬람교는 신 이외에 다른 신은 없다며 예수를 신과 대등하게 생각하는 기독교에 대해 비판합니다. 예언자를 신과 대등하게 올려놓는 것은 '우상숭배'라는 거죠. 역사학자들은 마리아의 약혼자 요셉을 실제 예수의 아버지로 보기도 합니다.

예수를 바라보는 시각 차이가 크지만 적어도 역사적 예수가 어떤 사람이었는가에 대해 세 가지 사실은 확인할 수 있습니다.

첫째, 예수는 로마제국의 식민지인 유대 땅에, 그 안에서도 차별받는 지역에서 태어나 불우한 어린 시절을 보냈습니다.

둘째, 예수는 서른 살에 활동을 시작하기 전까지 목수로 노동을 하며 살았습니다(청소년 시절부터 목수 노동으로 단련되었기에 몸은 튼튼하고, 검은 머리에 수염을 길렀을 가능성이 높지요).

셋째, 예수는 처형당할 때까지 곳곳을 걸어 다니며 '네 이웃을 네 몸같이 사랑하라'고 가르쳤습니다.

바로 그 역사적 예수가 '신의 아들'로 우리에게 전해져 오고 있지요. 예수의 제자들은 그가 처형당한 뒤 부활했음을 믿고 그의 가르침을 퍼뜨려나가는 데 온 삶을 바칩니다.

〈브레라 피에타〉(조반니 벨리니). 처형당한 예수를 끌어안고 있는 마리아와 제자 요한의 모습. 예수의 모습
은 고통을 완성한 자의 표정을 담고 있습니다.

3장 베드로와 바울: 처형당한 제자들

기독교는 예수가 '창시'한 종교로 공인되어 있습니다. 그런데 엄밀하게 따지면 예수는 기독교인이 아니었습니다. 역사적 예수는 '기독교'라는 말을 전혀 모르고 유대인으로 태어나 유대인에게 사랑을 가르치며 살다가 서른세 살에 죽임을 당했습니다. 다만, 기독교가 그의 삶, 가르침, 죽음, 부활에 기반을 둔 종교이기에 창시자라고 하지요.

초기 기독교를 개척한 베드로

기독교는 예수가 죽은 뒤 그의 제자들이 세운 종교입니다. 다시 겟세마네 동산으로 가볼까요? 예수는 괴로움과 슬픔에 잠겨 홀로 기도합니다. 곧 제자 가운데 한 사람이 돈을 받고 자신을 팔아넘길 것이라는 슬픈 예감, 가장 아꼈던 제자 베드로가 자신을 부인하리라는 괴로운 예감을 하고 있었죠. 예감은 하나 둘 적중합니다. 제자 유다의 배신으로 예수는 한밤중에 체포되지요.

예수는 유대교 대사제의 관저로 끌려가 미리 대기하고 있던 율법학자들과 원로들 앞에 세워집니다. 그나마 베드로가 멀찌감치 떨어져서 예수를 뒤따랐지요. 베드로는 사태가 어떻게 전개되는가를 파악하려고 경비원들 틈에 끼여 앉아 내내 지켜보았습니다.

율법학자들과 원로들은 예수가 신의 아들임을 참칭함으로써 신을 모독했다고 입을 모았지요. 예수를 죽여야 한다는 목소리가 높아져 갔습니다. 〈마태복음〉은 당시의 긴박한 상황을 다음과 같이 전합니다.

"(대사제가) '자, 어떻게 했으면 좋겠소?' 하고 묻자 사람들은 모두 '사형에 처해야 합니다' 하고 아우성쳤다. 그리고 그들은 예수의 얼굴에 침을 뱉고 주먹으로 치고 또 어떤 자들은 뺨을 때리면서 '그리스도(메시아)야, 너를 때린 사람이 누구인지 알아맞혀보아라' 하며 조롱하였다. 그동안 베드로는 바깥뜰에 앉아 있었는데 여종 하나가 그에게 다가와 '당신도 저 갈릴리 사람 예수와 함께 다니던 사람이군요' 하고 말하였다. 베드로는 여러 사람 앞에서 '무슨 소린지 나는 모르겠소' 하고 부인하였다. 베드로가 대문께로 나가자 다른 여종이 그를 보고는 거기 있는 사람들에게 '이 사람은 나사렛의 예수와 함께 다니던 사람이오' 하고 말하였다. 베드로는 맹세까지 하면서 '나는 그 사람을 알지 못하오' 하고 다시 부인하였다. 조금 뒤에 거기 섰던 사람들이 베드로에게 다가오며 '틀림없이 당신도 그들과 한패요. 당신의 말씨만 들어도 알 수 있소' 하고 말하였다. 그러자 베드로는 거짓말이라면 천벌이라도 받겠다고 맹세하면서 '나는 그 사람을 알지 못하오' 하고 잡아떼었다. 바로 그때에 닭이 울었다. 베드로는 '닭이 울기 전에 세 번이나 나를 모른다고 할 것이다' 하신 예수의 말씀이 떠올라 밖으로 나가 몹시 울었다."(마태복음 26:66~75)

성경이 전하는 베드로의 새벽은 비극입니다. 예수가 가장 아끼던 베드로,

스승이 "네가 나를 오늘 밤이 밝기 전에, 그것도 세 번 부인할 것"이라고 예고했을 때 발끈하여 그럴 리 없다고 맹세했던 베드로, 그는 스승의 얼굴에 "침을 뱉고 주먹으로 치고 뺨을 때리는" 무리들 앞에서 예수의 제자임을 부인하며 "거짓말이라면 천벌이라도 받겠다"고 맹세했습니다. 베드로가 그곳을 도망쳐 나와 통곡할 만하지요.

베드로는 예수가 "너희가 다 나를 버리리라"고 말했을 때 가장 흥분하며 대들었던 제자였습니다. 그렇게 호언장담한 지 겨우 서너 시간 지나 예수를 세 번이나 부인했을 때, 더구나 바로 그 순간에 돌아보던 예수와 눈이 마주쳤을 때 베드로의 심경을 짐작해 보기 바랍니다. 그 베드로를 쳐다보던 예수의 마음은 또 어땠을까요.

결국 예수는 십자가에서 처형당합니다. 성경에 따르면, 제자들과의 최후 만찬은 목요일, 처형당한 날은 금요일입니다. 예수가 십자가에 못 박혀 죽은 뒤, 그를 따르던 사람들은 총독 빌라도의 허락을 받아 시신을 동굴 무덤으로 옮깁니다.[11]

일요일 아침, 예수를 헌신적으로 섬기던 막달라 마리아와 어머니 마리아를 비롯해 몇몇 여성이 시신에 향유를 바르고 정식으로 장례를 치를 생각으로 무덤을 찾았습니다. 그런데 무덤을 막고 있던 큰 돌이 옆으로 치워져 있는 사실을 발견하지요. 동굴 안 무덤은 텅 비어 있었습니다.

성경은 부활의 상황을 세밀하게 증언하지 않습니다. 그나마 기록에 조금씩 차이가 나타납니다. 〈마태복음〉은 갑자기 큰 지진이 일어나면서 천사가 내려

---

11 팔레스티나 지역은 주로 바위가 많은 산악 지방이어서 자연 동굴이나 인공으로 판 굴을 묘지로 사용했습니다. 동굴 묘지는 입구 바닥에 홈을 파고 둥근 돌을 가로막은 뒤 회칠을 해서 사람이나 짐승이 드나들지 못하도록 했지요.

7세기에 밀랍으로 그려진 가장 오래된 베드로의 초상.

와 예수의 동굴 무덤을 막은 커다란 돌을 치웠다고 전합니다. 부활한 예수의 모습은 살아 있을 때와 같았는데, 십자가에 못 박힐 때 상처가 있었습니다(요한복음 20:24~28).

부활한 예수는 베드로를 찾아갑니다. 스스로에게 절망한 베드로는 본디 생업으로 돌아가 어부로 고기를 잡고 있었습니다. 예수는 자신의 정체를 숨긴 채 베드로의 그물에 고기가 많이 잡히도록 도와주지요. 그때서야 비로소 베드로는 '낯선 사내'가 예수임을 깨닫습니다. 예수는 베드로와 제자들에게 생선으로 아침을 차려줍니다.

이어 베드로를 따로 부르지요 "요한의 아들 시몬아, 네가 이 사람들이 나를 사랑하는 것보다 더 나를 사랑하느냐?"고 묻습니다. 성경이 기록한 그 순간을 자세히 들여다볼까요.

"베드로가 '예, 주님. 아시는 바와 같이 저는 주님을 사랑합니다' 하고 대답하자 예수께서는 '내 어린 양들을 잘 돌보아라' 하고 이르셨다. 예수께서 두 번째로 '요한의 아들 시몬아, 네가 나를 정말 사랑하느냐?' 하고 물으셨다. '예, 주님. 아시는 바와 같이 저는 주님을 사랑합니다' 베드로가 이렇게 대답하자 예수께서는 '내 양들을 잘 돌보아라' 하고 이르셨다. 예수께서 세 번째로 '요한의 아들 시몬아, 네가 나를 사랑하느냐?' 하고 물으시자 베드로는 세 번이나 예수께서 '나를 사랑하느냐?' 하고 물으시는 바람에 마음이 슬퍼졌다. 그러나 '주님, 주님께서는 모든 일을 다 알고 계십니다. 그러니 제가 주님을 사랑한다는 것을 모르실 리가 없습니다' 하고 말하였다. 그러자 예수께서 '내 양들을 잘 돌보아라' 하고 분부하셨다.

이어서 '정말 잘 들어두어라. 네가 젊었을 때에는 제 손으로 띠를 띠고 마음대로 돌아다닐 수 있었다. 그러나 이제 나이를 먹으면 그때는 팔을 벌리고 남이 와서 허리를 묶어 네가 원하지 않는 곳으로 끌고 갈 것이다' 하고 말씀하셨다. 예수의 이 말씀은 베드로가 장차 어떻게 죽어서 하느님의 영광을 드러내게 될 것인가를 암시하신 말씀이었다. 이 말씀을 하신 뒤 예수께서는 베드로에게 '나를 따르라' 하고 말씀하셨다."(요한복음 21:15~19)

성경의 기록에서 우리는 예수가 베드로에게 "네가 나를 사랑하느냐?"고 세 번이나 반복해 물은 걸 확인할 수 있습니다. 왜 예수는 세 번이나 '사랑'을 묻고, 베드로는 또 "마음이 슬퍼졌"을까요?

베드로가 세 번이나 예수를 부정했던 사실을 하나하나 용서하는 과정, '통과의례'가 아닐까요? 예수는 무조건 용서하지 않았습니다. "네가 나를 사랑하느냐?"고 세 번 물어 대답을 듣는 것으로 용서하죠. 아울러 그 과정은 베드로로부터 새로운 다짐을 받는 '언약'이기도 했습니다. 그런 뒤에 말하지요.

"나를 따르라."

베드로는 그 이후 예수의 길을 올곧게 따라갑니다. 예수의 부활은 그의 처형으로 절망에 잠겨 있던 제자들에게 큰 힘을 주었습니다.

부활한 예수는 40일 만에 제자들이 보는 앞에서 하늘로 들려 올라가 구름에 싸여 보이지 않게 되었다고 합니다. 제자들이 예수가 올라간 하늘을 바라보고 있는데, 흰옷을 입은 두 사람이 그들 옆에 서서 "갈릴리 사람들아, 어찌하여 하늘을 쳐다보면서 서 있느냐? 너희를 떠나서 하늘로 올라가신 이 예수는 하늘로 올라가시는 것을 너희가 본 그대로 오실 것"이라고 말합니다. 기독교인들이 예수가 다시 오는 '재림'을 기다리는 '근거'입니다.

베드로는 예수의 가르침에 따라 예수를 따르던 사람들을 지도해 나갑니다. 제자들 사이에 갈등이 불거질 때, 베드로가 중재를 하고 화합을 이뤄나갔지요. 베드로는 유대인들에게 예수의 부활을 열정적으로 선포하고 다닙니다.

기독교를 세계 종교로 만든 바울

베드로와 더불어 초기 기독교를 개척한 인물이 또 한 사람 있습니다. 베드로와 쌍벽을 이루는 사람이지요. 바로 바울입니다.

바울은 지금의 터키 남동부에 있는 타르수스(다르소)에서 서기 10년 안팎에 유대인으로 태어났습니다. 본디 이름은 사울이지요.

당시 타르수스는 동서를 잇는 교역로에 위치한 도시로, 스토아 철학자들이 많았습니다. 타르수스에 거주하는 유대인은 로마의 용병으로 복무한 대가로 사울이 태어나기 100여 년 전에 상당수가 로마시민권을 얻었습니다. 사울 또한 로마시민권을 지니고 있었지요.

사울은 엄격한 유대교 교육을 받았습니다. 동서 교역로 지역에서 자랐기 때문에 그리스어도 익혔고 여러 도시를 경험했지요. 훗날 그가 유대인을 넘어 다른 민족에게도 예수의 가르침을 전할 수 있었던 이유입니다.

흥미로운 사실은 사울이 열성적인 바리새파였다는 점입니다. 바리새파는 예수가 비판한 '율법주의자들'의 표본이었지요. 사울은 율법을 배우며 랍비(유대교 성직자)로 훈련받았습니다.

베드로가 예수의 수제자였던 것과 대조적으로 사울은 예수를 만나지 못했습니다. 예수가 십자가에서 처형되기 전에 예루살렘에 머물렀었는데 인연이 닿지 않았지요. 하지만 사울은 예수와 그를 따르는 사람들에 대해 이미 많은 이야기를 듣고 있었습니다. 율법주의를 비판했던 예수와 그의 제자는 사울이 배우고 몸으로 실천해 온 믿음에 비춰보면 결코 용납할 수 없는 사람들이었지요.

사울은 율법을 짓밟는 행위는 신의 저주를 받는다고 확신하고 있었습니다. 십자가에 달려 신의 저주를 받은 사람을 메시아(그리스도)로 선포하는 무리를

6세기에 모자이크 기법으로 그려진 가장 오래된 바울의 초상.

도저히 용서할 수 없었지요. 그들이 자신의 종교인 유대교를 위협한다고 판단했고, 마침내 적극적인 박해자로 나서게 됩니다. 기독교인들 사이에 '사울'이라는 이름이 '악명' 높을 정도였지요.

사울은 기독교인을 모조리 색출하려고 다마스쿠스로 질주해 가던 길에 부활한 예수를 만납니다. 그리고 바로 그 순간에 유대교를 버리며 '개종'하지요(사도행전 22:10).

당시 사울의 체험은 〈사도행전〉에 짧게 기록되어 있습니다. 율법을 우습게 여기는 예수의 추종자들을 잡겠다며 다마스쿠스로 질주해 가던 사울은 갑자기 하늘에서 큰 빛이 쏟아져 내리며 자신을 비추자 길에 고꾸라졌습니다. 그 순간 "사울아, 사울아, 네가 어찌하여 나를 핍박하느냐"는 소리가 들리지요. 사울은 누구냐고 묻습니다. 그러자 "나는 네가 핍박하는 예수"라는 답이 들려옵니다.

사울이 길바닥에서 일어나 눈을 똑바로 뜨고 살펴보려 했지만, 아무것도 볼 수 없었습니다. 사울은 부활한 예수가 자신에게 나타났다고 확신했습니다. 다마스쿠스에 도착한 사울은 사흘 내내 앞도 보지 못하고 음식도 먹지 못합니다. 예수를 따르는 사람을 만나 비로소 눈을 고치고 세례를 받지요.

사울은 유대인의 회당을 찾아가 예수가 '신의 아들'이며 '그리스도'(메시아)라고 증언합니다. 자신이 받은 충격을 정리하려고 아라비아 사막으로 들어간 사울은 거기서 거듭납니다. 그곳에서 사울은 죽고, 새사람 '바울'이 탄생하지요.

바울은 자신의 체험으로 예수의 부활은 물론, 하늘로 올라갔다(승천)는 제자들의 증언을 확신했습니다. 사울은 예수의 십자가 처형을 신의 저주라고 생각했지만, 바울은 인류를 위한 '희생'으로 믿습니다. '사울'의 이름엔 '가장 높은 자', '바울'의 이름엔 '가장 낮은 자'라는 뜻도 담겨 있지요.

사울의 악명이 높았기에 초대 기독교인은 바울을 선뜻 '식구'로 받아들이길 꺼립니다. 바울은 다마스쿠스로 가는 길에 예수를 만나 그의 목소리를 듣고 회개했다고 주장했지만, 그에 대한 의심은 말끔히 사라지지 않습니다.

바울의 열정적인 전도로 '직계 제자들'의 의심이 해소되어 가던 무렵에 다시 문제가 불거집니다. 바울이 모세의 율법이 명하는 할례를 받지 않아도 구원받을 수 있다고 주장했기 때문이지요. 한때는 누구보다 율법에 충실했던 바울이 그런 말을 한 이유는 간명했습니다. 예수를 유대인 속에 가둬둘 수 없다고 판단해서이지요.

바울 또한 처음에는 유대교 회당을 찾아가 유대인을 상대로 전도를 했습니다만, 스스로를 '이방인을 위한 사도'라 자처하며 비유대인에게 전파하기 시작합니다. 바울은 '이방인'이 기독교인이 되려면 먼저 할례를 비롯해 유대인의 규범을 따른 뒤 기독교인이 될 수 있다는 '이중 절차'를 받아들이지 않았습니다. 비유대인이 직접 기독교인이 될 수 있다고 주장했지요.

하지만 예수의 유대인 제자들은 바울의 생각에 동의하지 않아 격렬한 논쟁이 벌어집니다. 결국 베드로가 바울을 비롯한 당사자들을 모두 소집하지요. 베드로가 주관한 회의에서 '이방인들'(유대인이 아닌 사람들)이 기독교인이 되는 데 반드시 유대인의 율법과 관습을 지킬 필요가 없다는 결정이 납니다. 베드로가 바울의 손을 들어준 셈이지요.

베드로는 유대인들 사이에, 바울은 비유대인들 사이에 예수의 가르침과 부활을 전도해 나갑니다. 교통이 불편했던 당시 상황을 고려하면, 바울은 참으로 부지런히 돌아다녔습니다. 그가 곳곳을 돌아다니며 전도한 이야기를 편지 형식으로 서술한 게 신약성경의 절반에 이릅니다. 서기 67년 로마에서 네로

(Nero) 황제의 손에 순교할 때까지 기독교를 세우는 데 헌신하지요.

바울의 광범위한 활동으로 기독교는 유대교의 한계를 넘어 세계 종교로 커 나가는 데 결정적 전환점을 마련했습니다. 바울은 예수를 통해 모든 장벽이 무너졌다고 강조했지요. "유대인이나 그리스인이나 종이나 자유인이나 남자 나 여자나 아무런 차별이 없습니다. 그리스도 예수 안에서 여러분은 모두 한 몸을 이루었기 때문입니다."(갈라디아서 3:28)

바울은 그 시대 많은 유대인이 그러했듯이 세상을 악으로부터 해방해 영원 한 평화와 정의를 구현하기 위한 '심판의 날'이 임박했다고 믿었습니다. 자신 의 소명은 모든 사람에게 신이 오시는 날을 준비하도록 '소식'을 전하는 데 있다고 판단했지요.

바울은 인류의 죄를 위해 기꺼이 죽은 예수가 신의 심판을 대행하려고 하 늘에 있다고 믿었습니다. 따라서 예수의 부활을 믿고 그를 '주님'으로 따르 는 사람은 심판의 날에 구원자인 예수를 '영접'하게 된다고 강조했지요.

바울은 예수의 희생적 죽음으로 드러난 신의 깊은 사랑을 가르쳤습니다. "나를 사랑하고 또 나를 위해서 당신의 몸을 내어주셨다"(갈라디아서 2:20)고 설교했지요.

바울은 예수 그리스도와 일치하여 살아야 하며, 그러려면 '죄를 지은 인 간'으로선 죽고 새로운 인간으로 태어나야 한다고 내내 강조했습니다. 바울 자신이 그 길을 걸어갔지요.

바울이 십자가 처형과 부활에 의미를 부여하면서 예수의 가르침이 신학이 라는 학문으로 체계화되어 갑니다. 바로 그렇기에 바울이 예수의 가르침을 왜 곡했다고 비판하는 학자들도 있습니다. 예수를 주님으로 모시고 그의 부활을 믿는 신앙이 가장 중요하다는 바울의 주장이 과연 예수의 가르침과 얼마나 일치하는가를 두고 벌어진 논쟁은 21세기인 지금도 이어지고 있습니다. 앞으로 더 많은 연구가 필요하겠지요.

다만, 바울의 신학이 예수의 사랑을 관념화했다는 비판은 되짚어볼 필요가 있습니다. 바울이 비록 예수처럼 날카로운 통찰로 사랑을 이야기하진 못했지만, 그 또한 사람들에게 사랑의 길을 걸어가라고 다독였으니까요. 바울이 고린도 사람들에게 보낸 편지(고린도서)에서 밝힌 '사랑'은 언제 들어도 우리를 숙연케 합니다.

"내가 인간의 여러 언어를 말하고 천사의 말까지 한다 하더라도 사랑이 없으면 나는 울리는 징과 요란한 꽹과리와 다를 것이 없습니다. 내가 신의 말씀을 받아 전할 수 있다 하더라도, 온갖 신비를 환히 꿰뚫어보고 모든 지식을 가졌다 하더라도, 산을 옮길 만한 완전한 믿음을 가졌다 하더라도 사랑이 없으면 나는 아무것도 아닙니다.

내가 비록 모든 재산을 남에게 나누어준다 하더라도, 또 내가 남을 위하여 불 속에 뛰어든다 하더라도 사랑이 없으면 모두 아무 소용이 없습니다.

사랑은 오래 참습니다. 사랑은 친절합니다. 사랑은 시기하지 않습니다. 사랑은 자랑하지 않습니다. 사랑은 교만하지 않습니다. 사랑은 무례하지 않습니다. 사랑은 사욕을 품지 않습니다. 사랑은 성을 내지 않습니다. 사랑은 앙심을 품지 않습니다.

사랑은 불의를 보고 기뻐하지 아니하고 진리를 보고 기뻐합니다. 사랑은 모든 것을 덮어주고 모든 것을 믿고 모든 것을 바라고 모든 것을 견디어냅니다.

사랑은 가실 줄을 모릅니다. 말씀을 받아 전하는 특권도 사라지고 이상한 언어를 말하는 능력도 끊어지고 지식도 사라질 것입니다. (…) 그러므로 믿음과 희망과 사랑, 이 세 가지는 언제까지나 남아 있을 것입니다. 이 중에서 가

장 위대한 것은 사랑입니다."(고린도 전서 13:1~13)

가톨릭 성당과 개신교 교회의 기원

베드로와 바울이 삶과 죽음으로 '증언'하듯이, 예수가 처형당한 뒤 제자들과 그를 따르는 사람들은 예수가 동굴 무덤에서 부활했다고 믿었고, 앞으로 올 '재림'도 확신했습니다. 그래서 예수가 부활한 일요일을 한 주일의 첫날로 삼아 예배의 날로 정했지요. 일요일이 '주의 날' 곧 '주일'(主日)이 된 까닭입니다. 20세기 전까지는 예수가 부활한 부활절을 크리스마스보다 더 중시했습니다.

물론, 베드로와 바울이 부활을 전도할 때도 그것을 믿지 않는 사람들은 많았습니다. 제자들이 예수의 시신을 동굴에서 몰래 빼낸 뒤 부활했다는 소문을 퍼뜨린다고 보았지요.

사람들 사이에 회의와 불신이 있었지만, 베드로를 비롯한 제자들과 바울은 예루살렘을 떠나 최대한 멀리까지 예수의 가르침과 부활을 가르쳤습니다.

21세기를 살아가는 우리에겐 유대교와 기독교가 전혀 다른 종교처럼 보이고, 실제로 그렇지만, 예수가 처형될 당시의 '기독교'는 유대교의 한 종파, 그 것도 작은 종파에 지나지 않았습니다. 예수가 가르침을 전할 당시에 전통 종교인 유대교는 이미 사두개파(성전의 제의에 초점), 바리새파(율법에 초점), 젤롯파(로마에 맞서는 무력 항쟁에 초점), 에세네파(사막으로 나가 율법을 지키며 종말을 기다리는 데 초점)로 나눠져 있었지요. 당시 사람들은 예수가 유대교 안에 새로운 종파를 열었다고 생각했습니다.

유대교의 회당과 달리 예수의 제자들은 자신들의 공동체를 독특하게 만들어갑니다. 그 공동체가 바로 오늘날 가톨릭 성당과 개신교 교회의 기원이지요.

예수가 직접 '기독교'를 창시하지 않았듯이, 직접 '교회'를 세우지도 않았습니다. 하지만 이미 살펴보았듯이, 예수는 제자들과 더불어 '공동체'를 형성하고 있었습니다. 더구나 공동체는 예수의 가르침에 근거했기에 기독교와 교회의 '근원'은 분명 예수입니다.

예수의 처형으로 무너져가던 공동체는 그의 부활로 새로운 힘을 얻습니다. 예수를 따르던 초기 기독교인들 ─ 직계 제자들은 스스로 유대교의 한 종파라고 생각했을 수도 있지요. 일반인들은 그렇게 본 사람이 더 많았습니다 ─ 은 유대교 회당의 예배 형식을 따랐습니다. 유대교가 그랬듯이 기도, 성경 읽기, 설교, 찬송이 예배의 주된 흐름이었지요.

물론, 전통적인 유대교 예배 형식에만 머물지 않았습니다. 독특한 요소를 첨가했는데, 이를테면 침례와 성찬식입니다. 본디 침례는 유대인이 아닌 사람들(이방인)을 유대교로 입교시킬 때 주로 행하던 의식이었지요. 기독교는 유대인이든 아니든 새로 입교하는 모든 사람에게 침례 의식을 행했습니다. 처음에는 '침례'(浸禮)라는 말 그대로 온몸을 물에 잠기게 했지만, 신자들이 늘어나면서 그들을 모두 큰 물로 인솔하기 어려워지자 물을 머리에 붓거나 뿌리는 간소한 세례 형식으로 정착했습니다. 그 의식에 인간의 원죄를 씻는다는 의미를 더했지요.

침례 또는 세례와 함께 초기 기독교인은 예배에서 성찬을 부각했습니다. 물론, 침례가 그렇듯이 전혀 새로운 것은 아닙니다. 유대교 또한 유월절 밤에 축제 만찬을 했으니까요. 메소포타미아 지역의 여러 종교에도 더불어 식사를 나누는 예식은 있습니다. 기독교인은 성찬식에 그들과 다른 의미를 더했지요.

예수가 처형당하기 전에 열두 제자와 함께한 최후의 만찬을 재현하기 위해 교인들이 모여 식사합니다. 초대 교회에서 성대한 식사가 벌어진 까닭이지요.

그런데 교인이 늘어나면서 모두 그렇게 하기가 어려워졌지요. 그래서 등장한 것이 빵 한 조각, 포도주 한 모금입니다. 더불어 식사하는 의미를 담은 의식이지요. 빵과 포도주를 먹고 마시는 것이 예수의 살과 피를 먹고 마시는 것이고, 그렇게 함으로써 자신이 거룩하고 깨끗해진다고 믿었습니다.

기독교인의 세례와 마찬가지로 성찬도 지금까지 행해집니다. 미사, 성체성사, 성만찬, 성찬식 등 여러 이름으로 불립니다. '주님의 만찬'이지요. 지금도 가톨릭 성당에선 미사를 마칠 즈음에 한 사람, 한 사람 앞으로 걸어 나와 신부가 나눠주는 떡 한 조각을 먹고, 포도주는 모인 사람을 대신해 신부가 마시는 의식을 거행합니다. 개신교 교회에선 보통 예배를 마친 뒤 함께 식사를 준비해 나누어 먹습니다.

기독교인은 처음엔 유대교 회당에서 예배했지만, 유대교가 기독교인을 배척하자 가정집으로 옮길 수밖에 없었습니다. 쉽지 않은 일이었지만, 오히려 그런 과정을 거치면서 기독교는 유대교에서 독립된 새로운 종교로 정착해 갑니다.

예배를 드리는 날도 유대인의 안식일인 토요일에서 벗어나 예수가 부활한 일요일로 바꿨습니다. 일요일은 로마제국이 태양을 숭배하는 날로 규정한 날이기도 하지요. 교회는 헌금을 모으기는 했지만, 요즘처럼 성직자 또는 목회자에게 '급여'를 주는 데 사용하진 않았습니다.

바울 자신이 천막을 만드는 일을 직업으로 삼고 있었듯이, 성직자나 목회자도 자신의 직업을 가지고 일을 하면서 그 수입으로 생계를 꾸렸습니다. 십일조와 여러 헌금에 전적으로 의존하는 지금의 교회 모습과 견주어보면 사뭇 건강했다고 볼 수 있지요.

교인들이 늘어나면서 교회를 어떻게 조직할 것인가라는 문제가 자연스럽게 제기되었습니다. 예수가 처형당한 뒤 ‑ 또는 예수가 부활하고 승천한 뒤 ‑ 베드로와 바울이 ‘지도자’로 활동했지만, 두 사람은 별다른 조직적 체계를 갖추지 않았거든요. 그럴 생각도 없었습니다. 두 사람을 비롯해 당시 사도들은 예수가 곧 재림한다고 믿었기 때문입니다.

그런데 시간이 흘러도 예수의 재림은 나타나지 않고 교인이 늘어나자 조직 체계를 갖춰야 한다는 이야기가 여기저기서 나옵니다. 그래서이지요. 예수가 베드로에게 “내가 네게 이르노니 너는 베드로라. 내가 이 반석 위에 내 교회를 세우리니”(마태복음 16:18)라고 한 말에 근거해, ‘베드로’라는 이름 뜻 그대로 그를 교회의 ‘반석’으로 삼았습니다. 나중에 더 논의하겠지만, 가톨릭은 베드로가 예수로부터 ‘천국의 열쇠’를 받았고, 그 뒤 베드로에서 시작한 역대 교황이 그 열쇠를 물려받았다고 설명합니다.

교회는 여러 직책을 만들어나갔습니다. 지금도 주교(혹은 감독), 집사, 장로와 같은 직책이 있지요. ‘주교’는 그리스어 ‘에피스코포스’(episkopos)에서 왔는데 ‘목자’라는 뜻입니다. ‘장로’는 ‘프레스비테로이’(presbyteroi), 말 그대로 ‘나이 든 사람’을 뜻하지요. ‘집사’는 ‘디아코노스’(diakonos), ‘섬기는 자’입니다. ‘사도’는 ‘예수의 부활을 목격한 지도자들’이라는 뜻으로 씁니다.

조직을 갖추면서 기독교인들은 더 빠르게 늘어갔습니다만, 역사적 전개 과정은 결코 순조롭지 않았지요. 예수가 십자가에서 처형당했듯이 기독교를 반석 위에 올려놓은 베드로와 바울 또한 제국의 수도인 로마에서 사형을 당합니다. 하지만 두 사람의 헌신적인 전도와 희생으로 기독교는 유대교를 떠나 새로운 종교로 출발하지요.

로마제국의 박해를 이겨낸 기독교

기독교와 유대교는 처음부터 불편한 관계였습니다. 무엇보다 예수의 처형에서 볼 수 있듯이, 예수는 로마인이 아니라 자기 동포인 유대인에게 미움을 받았고, 신을 모독했다는 이유로 로마 총독에게 제소되어 처형당했습니다.

초기 기독교 시대에 베드로와 바울을 박해한 주체도 주로 유대인이었습니다. 유대교의 지도자들은 예수가 자신들의 종교를 문란하게 했으며 '혹세무민'했다고 판단했지요. 예수를 처형한 뒤에도 그를 따르는 사람들을 집요하게 박해한 이유입니다. 특히 개종 전의 바울처럼 율법을 엄격하게 지켰던 유대교인이 앞장섰지요.

로마제국은 그 갈등과 싸움을 유대인 사이에서 일어나는 내부 종파 싸움으로 판단해 관여하기를 꺼렸습니다. 빌라도 총독이 예수를 구해주려고 했듯이, 바울 또한 로마제국의 지역 책임자들의 도움을 받아 유대인의 박해에서 벗어났지요.

그러나 기독교가 유대인의 종파가 아니라 보편적 종교로 발전해 가면서 본격적으로 문제가 불거집니다. 광대한 영토를 지배하던 로마제국은 종교와 문화에 관대했지만, 거기에는 전제가 있었지요. 로마의 국가 제의, 무엇보다 '황제 예배'를 따라야 했습니다.

유대교도 유일신을 믿으며 황제에 대한 예배를 거부했습니다. 그럼에도 로마제국이 유대교를 '묵인'한 이유는 유대교가 전적으로 유대 민족의 종교였기 때문입니다. 하지만 기독교는 유대교와 달리 유대 민족을 떠나 보편적인 종교로 커나가고 있었습니다. 로마제국으로서는 점점 커져가는 기독교를 좌시할 수 없었지요.

디오클레티아누스 황제 시대의 기독교에 대한 대규모 박해 모습.

1세기 말 도미티아누스(Domitianus) 황제 시대부터 기독교인에 대한 박해가 종종 일어납니다. 네로 황제 시대처럼 '방화'라는 특정 범죄를 저질렀다는 이유가 아니라, 기독교 자체에 대한 억압이 시작됩니다. 황제에게 예배를 거부했다는 이유로 기독교인을 처형한 기록이 곰비임비 나타납니다.

재판을 통해 사회적 신분이 낮은 기독교인은 십자가형, 화형, 맹수와의 격투형, 광산 노동형에 처해졌습니다. 굶주린 사자가 득실거리는 곳에 집어넣어 산 채로 잡아먹히게 하고, 그 참혹한 살풍경을 공개했습니다. 신분이 높은 사람은 참수형이나 유형을 받았지요. 처녀에겐 사창가로 넘기는 참혹한 '형벌'을 내렸습니다.

하지만 그 야만적이고 모진 박해를 기독교인은 이겨냈습니다. 3세기에 들어서면서 기독교인에 대한 박해도 상당히 완화되었지요. 그런데 3세기 후반에 이르러 로마제국이 시나브로 쇠퇴하면서 상황이 달라집니다. 흔들리는 제국을 다시 세우기 위해 황제는 로마의 신들에 대한 예배를 강화해 나갔지요.

데키우스(Decius)와 발레리아누스(Valerianus) 두 황제 시대에 걸쳐 종래의 산발적 박해와 달리 제국 전체에 걸쳐 조직적 탄압이 벌어집니다. 카르타고의 저명한 주교 키프리아누스(Thascius Caecilius Cyprianus)를 비롯해 수많은 기독교인을 색출해 처형했고, 교회 건물과 토지를 몰수했습니다. 그 시기에 '배교자'도 많이 생겼지요. 그 뒤 40년 정도 '소강상태'를 지나 디오클레티아누스(Diocletianus) 황제 시대인 303년 대규모 박해가 다시 자행됩니다.

하지만 어둠이 깊을수록 새벽이 다가오게 마련이지요. 아무리 박해해도 기독교인을 근절시킬 수 없었습니다. 디오클레티아누스 황제가 퇴위할 무렵에 탄압은 다시 완화됩니다. 곧이어 콘스탄티누스(Constantinus)가 황제에 오르면서 기독교는 새로운 국면으로 접어듭니다.

네로 황제가 기독교인을 죽인 까닭은 무엇인가요?

　기독교인에 대한 로마제국의 첫 박해가 서기 64년에 일어납니다. 로마 시내에 크게 번진 불이 직접적 계기가 되었지요. 역사가들은 네로 황제가 로마 시 전체의 3분의 1에 이르는 규모로 자신의 궁전을 호화롭게 새로 짓기 위해 일부러 방화했다고 설명합니다. 아무튼 네로는 대화재로 가족과 재산을 잃은 로마 시민들의 불만을 잠재우기 위해 그 책임을 기독교인에게 돌리지요. 기독교인들을 '방화범'이라고 공표하며 줄줄이 잡아갑니다.

　네로는 잡아들인 기독교인들을 잔인하게 처형함으로써 로마 시민들의 분노를 누그러뜨리지요. 비단 십자가로만 처형한 게 아닙니다. 기름을 짜는 틀에 넣거나 시신을 개밥으로 던져주는 악행을 서슴지 않았지요.

　서기 1세기에 살았던 로마의 역사가 타키투스(Cornelius Tacitus)는 기독교(그리스도교) 박해에 대해 다음과 같이 기록했습니다.

　"그 이름은 티베리우스 치세에 유대 총독 빌라도에게 처형된 그리스도에서 유래했다. 이로 인해 그가 개창자인 그 종파는 타격을 받았고, 그 해로운 미신은 일시 억제되었으나 그 뒤 다시 일어나더니 그 병폐의 본고장인 유대뿐만 아니라 세계의 온갖 끔찍하고 못된 것들이 모여들고 유행하는 수도에서도 퍼져갔다. 네로는 예의 술책을 썼다. 일단의 부랑자와 그 종파가 뚜렷한 신도들을 붙잡고, 다음엔 그들의 자백으로 수많은 기독교도들이 방화보다는 인류에 대한 증오 때문에 단죄되었다. 그리고 그들의 최후는 조롱거리가 되는 것이었다. 그들을 짐승처럼 보이게 해서 개가 물어뜯게 하거나 십자가에 못 박아 죽이고, 해가 지면 등불 대용으로 태웠다."

　네로 황제가 로마의 큰불을 빌미로 기독교인들을 처형했지만, 본디 로마제국은 식민지의 여러 문화와 종교를 대체로 포용했고 관용을 보였습니다. 제국의 질서를 부정하지 않는다면 용인 또는 묵인했지요. 제우스를 비롯한 그리스 신들이 로마로 이어져 그리스 로마 신화로 불리는 것도 그 때문입니다.

'철인 황제' 아우렐리우스는 왜 기독교를 박해했나요?

우리에게 『명상록』의 저자로 잘 알려진 '스토아 철학자' 마르쿠스 아우렐리우스(Marcus Aurelius). 역사가들에게 그는 플라톤이 이상적으로 그린 '철인 황제'로 꼽히지요.

마음의 평정을 참된 행복의 조건으로 강조한 스토아 철학자 아우렐리우스가 평정을 잃고 기독교인을 박해한 데에는 배경이 있습니다. 당시 로마제국 전역에 전염병이 돌았습니다. 더구나 제국의 변방에선 로마를 호심탐탐 노리는 부족이 곳곳에 나타났지요. 황제는 민심을 수습하고 힘을 모으기 위해 로마의 전통 신들에게 제사를 올리라는 칙령을 내립니다. 기독교인은 '우상숭배'라며 완강히 거부하지요. 게다가 아우렐리우스 황제는 기독교인이 유아를 살해한다고 믿었습니다. 당시 기독교인은 박해를 피해 '지하 무덤'(카타콤)에서 모였는데요. 교인들이 성찬식에 쓸 음식을 바구니에 담아 한곳에 모인 뒤 '살과 피'를 나눈다는 말이 와전되었다고 합니다. 깊은 밤이나 새벽에 '비밀 장소'에서 남성과 여성들이 함께 모여 예배하는 모습도 그들이 성적으로 문란하기 때문이라는 오해를 불렀지요.

로마제국의 기독교 탄압은 불가피했다고 보는 학자들도 있습니다. 다양한 종교가 공존하는 로마제국에 어느 순간부터 유일신 종교가 들어와 다른 종교는 모두 '사탄'이라고 주장할 때, 더구나 황제에게 신적 권위를 부여한 제국에서 그것을 부정하는 세력이 성장할 때, 지배 세력으로선 좌시할 수 없었다는 거죠. 그들은 역사가 기번(Edward Gibbon)이 쓴 『로마쇠망사』의 다음 대목을 근거로 제시합니다.

"기독교인들은 관습과 교육의 신성한 유대를 끊어놓았고, 국가의 종교 제도를 침범했으며, 선조들이 진리로서 믿고 신성한 것으로 숭배해 온 것들을 건방지게 멸시했다. 그들 전체가 뭉쳐서 로마의 신들, 제국의 신들, 인류의 신들과의 그 어떤 친교도 거부한 것이다."

4장 로마제국의 국교가 되다

콘스탄티누스 대제(Constantinus). 기독교 역사에 한 획을 그은 로마제국의 황제입니다. 본디 콘스탄티누스 1세인데 큰 업적을 쌓았다고 해서 흔히 '대제'라 부릅니다.

로마제국 동쪽 지역의 부황제인 아버지와 선술집 딸인 어머니 사이에서 태어났습니다. 결국 아버지는 신분이 낮은 어머니와 헤어져 다른 귀족 집안과 결혼했지요. 생모의 신분 때문에 젊은 콘스탄티누스의 미래는 불투명했습니다.

하지만 그는 좌절하지 않았습니다. 디오클레티아누스 황제 밑으로 자원해 들어가 제국의 국경을 침입하는 게르만족과의 전쟁에서 명성을 차곡차곡 쌓아갔지요. 기독교를 탄압했던 디오클레티아누스 황제 이후 로마제국이 혼란기를 겪을 때, 강력한 무력을 기반으로 한 콘스탄티누스는 유력한 황제 후보로 물망에 오릅니다. 하지만 경쟁자 막센티우스(Maxentius)가 수도 로마를 근거지로 세력을 형성하고 '정통파 황제'를 자칭했지요.

콘스탄티누스는 제국의 황제 자리를 놓고 막센티우스와 마침내 일전을 벌입니다. 결전의 날은 312년 10월 28일. 콘스탄티누스가 출정할 때 "정오의 태양 위에 빛나는 십자가"가 승리를 예고했다고 합니다.

기독교를 공인한 콘스탄티누스 대제

본디 콘스탄티누스는 태양신을 숭배했습니다. 그런데 태양에서 십자가를 발견하고 예수가 자신이 승전하리라고 일러준 것 —물론, 역사가들은 그 말을 믿지 않습니다. 자신의 권력을 정당화하고 강화하려는 의도로 해석하지요— 을 계기로 기독교로 옮겨갑니다.

결전에서 이긴 콘스탄티누스는 마침내 로마 황제 자리에 오릅니다. 바로 이듬해인 313년 '밀라노 칙령'으로 300여 년 동안 박해받아 온 기독교를 공인하지요. 문구를 보면 "이제부터 모든 로마인은 원하는 방식으로 종교 생활을 할 수 있다. 로마인이 믿는 종교는 무엇이든 존중을 받는다"로 딱히 기독교에 특혜를 준 것은 아니라고 판단할 수 있습니다. 하지만 당시 상황에서 황제가 '종교의 자유'를 공표한 것은 실질적으로 기독교를 공식 인정한다는 선언이었습니다. 박해받아 왔던 기독교인들은 밀라노 칙령 이후 비로소 자유롭게 신앙생활을 할 수 있었지요.

콘스탄티누스 황제는 기독교 공인과 더불어 국가가 몰수했던 교회 재산도 돌려주었습니다. 성직자들의 조언을 받아들여 노예의 사적 처벌 금지법을 제정했고, 321년에 처음으로 일요일 —예수 부활의 요일인 동시에 전통적인 태양신의 요일— 을 휴일로 정했습니다.

콘스탄티누스가 로마제국이 박해해 온 기독교를 공인하고 더 나아가 부흥시킨 이유는 무엇일까요?

여러 가지 분석이 있습니다. 먼저 그 자신이 밝혔듯이, 황제가 되는 마지막 전투에서 십자가의 환영과 더불어 승리를 약속받았기 때문이라고 볼 수 있지요. 죽음인가, 황제인가를 가르는 전투를 앞두고 예수가 나타나 이길 것이라고 전했다면, 누구라도 기독교에 끌릴 수밖에 없겠지요. 꿈 이야기도 덧붙여집니다. 콘스탄티누스가 전투를 앞둔 전날 밤 꿈에 "이 표시를 가지고 승리하리라"는 말과 함께 '그리스도'라는 그리스어를 보았다고 합니다. 그의 병사들은 '그리스도'라는 낱말의 두 글자 'Χρ'를 그려 넣은 방패를 들고 나가 전투에서 승리를 거두었다고 하죠.

정치적으로 분석하면, 로마를 통합시키는 데 더는 아무런 '영험'을 주지 못하는—실제로 당시 로마는 사분오열되어 황제의 권력 또한 약화되어 있었습니다—로마의 전통적인 신들보다 유일신인 기독교가 제국의 통치에 더 적합하다고 판단했을 수 있습니다. 기독교 지도자들은 로마제국을 다시 통합한 황제 콘스탄티누스를 "신께서 보내신 사람"이라고 칭송했지요. 기독교의 유일신을 빌려 황제의 권력을 강화해 나갈 수 있었던 셈입니다. 훗날 절대왕정기의 '왕권신수설'의 '원조'가 콘스탄티누스라는 분석이 나오는 이유이기도 하지요.[12]

개인적 차원에선 낮은 신분 탓에 언제나 '천하다'고 손가락질 받았던 어머니가 독실한 기독교인이었다는 사실도 결코 무시할 수 없는 이유 아니었을까요? 어쩌면 가장 큰 요인이었을 수도 있습니다.

---

12 콘스탄티누스는 제국의 수도를 자신의 이름을 딴 콘스탄티노폴리스(콘스탄티노플)로 옮기며 로마대제국을 호령했지만 그의 인간적 삶은 어둠에 잠겼습니다. 제 손으로 가족들을 죽이는 불행에 빠지면서도 마지막에는 스스로를 "신께서 보내신 사람"이 아니라 "신 그 자신"이라고 생각했지요. 죽음이 임박했을 때 황제 옷을 벗고 성직자의 흰옷으로 갈아입고서 내내 미뤄오던 세례를 비로소 받았습니다. 시신은 황금 관에 넣어져 콘스탄티노폴리스의 '사도 성당'에 안치되었는데요. 관 주위에는 성유물로 채운 '열두 제자'(12사도)의 관을 놓았습니다.

콘스탄티누스는 기독교 공인에 이어 325년에는 니케아에서 종교회의를 직접 주재하고, 기독교 내부의 분쟁과 교리 논쟁에 적극 개입해 '정리'합니다.

콘스탄티누스가 죽은 뒤 50여 년이 지나 테오도시우스 1세(Theodosius I)는 기독교를 로마제국의 '국교'로 선포합니다. 박해의 종교에서 제국의 종교로 바뀐 셈이지요. 기독교의 '대전환'입니다.

교회의 의미와 제도를 정리한 키프리아누스

기독교가 로마제국의 국교로 정립되는 과정에서 교회는 조직과 제도는 물론 교리를 정비합니다. 이미 2세기 이후부터 경전을 정리하기 시작했는데요. 유대교에서 이어받은 경전은 예수가 오기까지의 '준비서'로 보고 '구약'이라 했지요. 신·구약 성경을 기독교의 경전으로 채택해 갑니다.

이 시기 교회의 의미와 제도를 정리하는 데 결정적 영향을 끼친 사람이 카르타고 교회의 주교 키프리아누스였습니다. 그는 『가톨릭교회의 통일』을 직접 집필하며 "교회는 지상에 세워진 유일한 구원 기관이고, 교회의 주교들은 신과 인간을 매개하는 영적 권위를 부여받았다"고 주장했습니다(참고로 이슬람은 신과 인간을 성직자들이 매개한다는 데 전혀 동의하지 않습니다).

키프리아누스는 교회가 하나임을 강조하며 '가톨릭'이라는 말을 처음 썼습니다. 가톨릭의 어원은 그리스어 '카톨리코스'(katholikos)인데, '보편적' 또는 '전체적'이라는 뜻입니다. 그가 교회론을 전개하면서 '가톨릭'은 로마 교회의 고유명사가 되었습니다. 오늘날도 '천주교'라는 말보다 '가톨릭'을 더 많이 쓰지요. 키프리아누스는 교회 제도를 정립하면서 1대 교황을 베드로로 처음 명시했습니다.

비단 조직이나 제도만이 아닙니다. 키프리아누스를 비롯해 유스티누스 (Justinus), 클레멘스(Clemens), 오리게네스(Origenes)는 성경의 증언을 토대로 철학적 체계화에 나섰습니다. 이른바 '정통 신학'을 정립해 간 것인데요. '정통'이라는 말에서 나타나듯이, 누군가 정통을 자임할 때는 역으로 그만큼 옳고 그름을 명확하게 가릴 수 없는 주장들이 여럿 있었다는 것을 뜻합니다.

예수가 처형된 뒤 제자들이 중심이 되어 꾸려간 초대 교회는 조직만 느슨한 게 아니라 교리에서도 혼선이 나타났습니다. 예수의 삶과 죽음, 가르침과 부활을 어떻게 보느냐에 따라 다양한 교리들이 등장합니다. 가령 영지주의(靈智主義)와 마르키온주의가 있었습니다.

영지주의는 그노시스파로 불리는데요. 여러 흐름이 있고 사상체계도 단순하지 않지만, 공통점은 명확합니다. '영지'(靈智, gnosis) 곧 '영적 깨달음'을 통해 구원을 받는다는 주장이 그것입니다.

영지주의 기독교인들은 인간 안에 '신의 영원한 불꽃'이 있다고 설명합니다. 그런데 악한 힘이 지배하고 있는 이 세상에서 살아가느라 인간은 자기 안에 있는 '신의 영원한 불꽃'을 모르고 있다는 거죠. 그래서 미망에 잠겨 살아가지만, 신과 인간을 연결하는 구원자가 와서 '영지' 곧 '영적 깨달음'을 주면, 우리 안에 있는 불꽃이 그 근원인 신과 다시 결합함으로써 구원에 이른다고 일깨웁니다. 예수가 바로 그 깨달음을 전해주는 '영지의 구원자'인 거죠.

영(靈)은 선하고 육(肉)은 악하다고 본 영지주의자들은 예수는 순수한 영일 뿐 육을 가질 수 없다고 믿었습니다. 사람들이 본 예수는 육과 전혀 무관하다고 주장했지요.

예수가 세상에서 살아갈 때 지녔던 육체는 진짜 육체가 아니고 육체처럼 보인 것이라고 설명하는 영지주의 기독교인에게 '십자가 처형'은 무엇이었을까요? 영지주의 해석에 따르면, 예수는 십자가에서 처형됨으로써 육체처럼 보인 모습을 벗어납니다. 십자가에서 죽은 것은 '신의 아들' 예수가 아니라 '인간' 예수라는 거죠.[13]

마르키온주의는 130년대와 140년대에 열정적으로 활동한 마르키온(Marcion)이 '율법'과 '은혜'를 대비한 바울의 논리를 구약과 신약에 적용하면서 시작됐습니다. 구약의 신은 율법과 징벌의 신이고, 신약의 신은 사랑과 자비의 신이라고 본 마르키온은 구약을 폐기해야 옳다고 주장하지요.

예수가 가르친 사랑의 신과 구약이 강조하는 율법과 징벌의 신은 다르다고 본 거죠. 마르키온은 구약과 신약의 모순을 규명한 『대조표』를 저술했습니다. 그 기준으로 보면, 예수가 율법을 폐하러 온 것이 아니라 완성하러 왔다고 한 〈마태복음〉도 성경으로 인정해선 안 됩니다. 바울의 서신 가운데 10편과 〈누가복음〉만으로 경전을 삼아야 한다며 직접 편찬했지요. 마르키온은 137년 로마에서 기독교의 유대교적 요소를 모두 씻어내자고 제안합니다. 유대교와 타협적인 교회의 근본적 개혁을 주창한 거죠.

영지주의와 마르키온주의 모두 기독교 내부에서 '이단'으로 배척받았습니다. 영지주의자들이 그랬듯이 마르키온도 출교를 당했습니다. 마르키온은 출교 뒤 '새로운 교회'를 세웠지요. 학자들은 마르키온의 주장으로 오히려 구약이 기독교 경전에 확실하게 포함되는 결과를 빚었다고 평가합니다. 초기 기

---

13 이를 가현설(假現說, Doketismus)이라고 하는데요. 서기 120년 무렵에 바실리데스(Basilides)가 처음 주장했습니다. 예수는 고난받지 않았다는 건데요. 시몬이 예수를 위해 십자가를 짊어지고 갔는데, 사람들이 그를 그리스도로 알고 십자가에 못 박았고, 예수는 시몬의 모습으로 지켜보았다고 주장했습니다. 물론, 그의 가현설을 그 뒤 영지주의자들이 모두 믿은 것은 아닙니다.

독교에서 그만큼 유대인들의 '자장'이 강력했다고 볼 수도 있겠지요.

기독교 역사에서 이단의 문제는 결코 간단하지 않습니다. 아니, 모든 것이 어떤 '잡음'도 없이 정리된다면 오히려 그게 더 문제이겠지요. 비단 영지주의와 마르키온주의만이 아닙니다. 둘을 대표적 사례로 짚어보았을 뿐입니다. 굳이 찬찬히 톺아보지 않더라도 예수의 삶과 죽음, 부활을 둘러싸고 여러 해석이 나올 수밖에 없거든요. 예수 자신이 종종 비유법으로 가르쳤기에 더 그렇지요.

신이냐, 신의 아들이냐

앞서 우리는 예수가 누구의 아들인가를 논의했는데요, 정작 예수가 사람인가 신인가라는 문제는 본격적으로 다루지 않았습니다. 예수가 살아 있을 때도 그 문제가 정면으로 제기되지는 않았지요.

하지만 예수의 부활 이후 상황은 달라집니다. 정말 부활해 하늘로 올라갔다면, 대체 지상에 존재했던 그는 누구인가, 더 궁금할 수밖에요. 더구나 유대인만이 아니라 비유대인까지 신자가 되면서 예수를 명쾌하게 설명해야 할 필요성이 더 커졌습니다.

당시에도 여러 해석이 나왔습니다. 가령 초기 기독교 공동체에서 예수가 인간으로 태어난 사실을 중시한 사람들은 예수가 세례의 순간, 또는 부활 이후에 신의 '양자'가 되었다고 풀이했습니다. 영지주의자들은 '육체의 악'으로부터 예수를 '보호'하기 위해 가현설을 내놓았지요. 더러는 신과의 동일성을 부각해 예수를 신의 현시로 이해했습니다. 예수를 신이 스스로 현시하는 '양태'로 보기에 양태론자라고 하거나 주창자의 이름을 따서 '시벨리우스주의 자'라 부르지요.

여러 해석의 틀이 나온 것은 신의 아들과 신의 관계, 예수의 인성과 신성 관계를 명료하게 정의하기 어려워서였지요. 상식적으로 접근해도 문제는 쉽게 불거지니까요. 신을 '아빠'로 불렀던 예수가 신이라면, 아들과 아버지 사이를 정리하는 게 쉽지만은 않지요. 콘스탄티누스가 로마 황제에 올라 기독교를 공인했을 때에도 그 논쟁은 매듭을 짓지 못했습니다. '니케아 공의회'가 열리기 전까지 가장 적극적으로 의견을 밝힌 사람은 아리우스(Arius)였습니다.

아리우스는 출생과 사망 연도가 정확하진 않지만 250~336년으로 추정하고 있습니다. 알렉산드리아에서 성직자로 활동했는데, 금욕주의적 삶에 더하여 능숙한 설교로 명성을 얻었지요. 기독교가 공인된 이후 319년 무렵부터 아리우스는 예수의 신성에 대해 본격적으로 설교를 시작했지요.

아리우스는 신의 첫 피조물이 '말씀'(로고스)이고, 신은 그 로고스를 통해 만물을 만들었다고 보았습니다. 말씀이 신의 대리자나 도구로 존재한다는 거죠. 아리우스에게 예수는 사람보다 우월하지만 신보다는 열등합니다. 인간을 초월하지만 신은 아니라는 거죠.

아리우스는 또 예수가 자신을 '신의 아들'이라 밝혔고 신을 '아버지'로 부른 것을 주목해야 한다고 보았습니다. 아들은 창조된 자로서, 아버지인 신과 동질일 수가 없으며, 이질적이라고 주장했지요.

아리우스의 설교가 이집트를 넘어 퍼져가면서 기독교 지도자들 사이에 갈등이 점점 커져갔습니다. 제국 안에서 반대가 많았음에도 기독교를 공인한 콘스탄티누스 황제로서도 분열을 보고만 있을 수 없었지요. 조정해 보라고 명령했으나 갈등은 되레 커졌습니다.

니케아 공의회에서 아리우스에게 유죄 선고를 내리는 장면.

콘스탄티누스는 매듭을 지으려고 325년 아리우스를 비롯해 모든 기독교 성직자들을 니케아에 모이게 했습니다. 역사적인 '니케아 공의회'가 그렇게 열린 거죠.

회의가 열리자마자 알렉산드리아의 주교를 수행하여 참석한 젊은 사제 아타나시우스(Athanasius)가 아리우스파를 맹렬하게 비판하고 나섰습니다. 예수의 탄생을 인간의 탄생과 동일한 차원에서 생각하는 것은 오류라며, 예수는 아들이지만 아버지인 신의 본질에 의해서 영원히 탄생했다고 주장했지요.

참석한 주교들 사이에 격론이 벌어지면서 의견이 모아지지 않았습니다. 황제가 나서지요. 콘스탄티누스가 아타나시우스의 손을 들어주면서 논쟁은 마무리됩니다. 아리우스의 주장은 공식적으로 탄핵되었지요. 공의회에서 채택된 '니케아 신조' – '니체노 신경'이라고도 합니다 – 는 아버지인 신과 아들인 예수의 관계를 동질적이라고 규정했습니다. 예수는 만들어진 게 아니라 낳아졌고, 피조물이 아니라 창조자였다고 풀이했지요.

예수가 누구인가를 둘러싼 주교들의 토론을 정치권력자인 황제가 정리하는 것은 지금의 시점에서 보면 실로 어처구니없는 일입니다. 니케아 공의회가 끝난 뒤 칼로 두부 자르듯이 논쟁이 정리되지 못한 이유도 거기에 있습니다. 하지만 그 뒤에도 교리적 논쟁에 황제들의 정치적 개입이 끊임없이 이어졌지요. 서로 숙적 관계에 있는 성직자들 사이에 감정적인 정치적 판단도 끼어듭니다. 아리우스의 영향력은 오래갔습니다. 아타나시우스의 논리도 좀 더 명료해질 필요가 있었지요.

긴 논쟁은 50여 년이 지난 381년, 콘스탄티노플에서 열린 공의회에서 마무리됩니다. '하나의 본질, 3위격'인 성부 · 성자 · 성령은 서로 구별되지만 그들의 영원성과 능력은 동등하다고 결론 내리지요.

325년 니케아 공의회에서 381년 콘스탄티노플 공의회까지 제법 긴 시간의 갈등을 거쳐 마침내 확정한 니케아−콘스탄티노플 신조(줄여서 '니케아 신조') 는 '기독교 신앙 선언서'로 정독해 볼 가치가 있습니다. 기독교에 다양한 흐름이 있지만, 적어도 이 선언서만큼은 모두 동의하고 있으니까요.

"우리는 전능하신 아버지 신 한 분을 믿는다. 그는 하늘과 땅을 창조하신 이요, 보이는 것이나 보이지 않는 모든 것을 창조하신 이다. 우리는 또한 한 분의 주 예수 그리스도를 믿는다. 그는 신의 독생자이시며, 모든 세상이 있기 전에 신으로부터 나셨으며, 신으로부터 나온 신이시요, 빛으로부터 나온 빛이시요, 참 신으로부터 나온 신이시다. 그는 피조되신 것이 아니라 신으로부터 태어나셨다. 그는 모든 것을 지으신 아버지와 동일 본질을 가지신다. 그는 우리 인간을 위해, 무엇보다 우리를 구원하기 위해 하늘에서 내려오셨고, 성령에 의하여 동정녀 마리아로부터 몸을 입으시고 사람이 되사, 우리를 위하여 본디오 빌라도에 의하여 십자가에 달리셨다. 그는 고난을 당하시고 매장되셨다가 3일 만에 성경의 말씀대로 부활하셨다. 그는 하늘에 오르사, 아버지 오른편에 앉아 계시다가 영광 중에 다시 오셔서 산 자들과 죽은 자들을 심판하실 것이다. 그의 나라는 영원무궁할 것이다. 그리고 우리는 주님이시며 생명을 주시는 분이신 성령을 믿는다. 그는 아버지와 아들로부터 나오셨고, 아버지와 아들과 함께 예배와 영광을 받으신다. 이 성령은 예언자들을 통하여 말씀하셨다. 우리는 또한 하나요, 거룩하고 보편적이며 사도적인 교회를 믿는다. 우리는 사죄를 위한 한 번의 세례만을 인정한다. 우리는 죽은 자들의 부활과 장차 임할 신의 나라에서의 삶을 바라본다."[14]

니케아 신조로 긴 논쟁에 마침표가 찍혔지만, 새로운 문제를 제기하는 기독교인이 나타났습니다. 대표적으로 네스토리우스(Nestorius)를 들 수 있지요. 그는 콘스탄티노플의 주교로 강력한 지위에 있었습니다. 금욕주의를 주장하고 아리우스파와 싸우며 '정통 신앙'을 지켰지요. 하지만 마리아가 풀리지 않는 의문으로 남았습니다.

네스토리우스는 마리아를 '신의 어머니', 문자 뜻 그대로는 '신을 낳은 이'라고 부를 수 있을까 고심했습니다. 결국 마리아는 '예수를 낳은 이'일 따름이라고 판단했지요. 마리아는 예수의 어머니이지만 신의 어머니는 아니라는 비성모설(非聖母說)을 주장한 네스토리우스의 주장은 안티오크[15] 신학자들의 지지를 받았습니다.

하지만 알렉산드리아 주교와 신학자들은 콘스탄티노플 주교가 예수 그리

14 니케아 신조의 영문을 보면 성부·성자·성령의 의미가 한글 번역을 읽을 때와 또다른 의미로 다가올 수도 있기에 전문을 싣습니다. We believe in one God, the Father, the Almighty, of all that is, seen and unseen. We believe in one Lord, Jesus Christ, the only Son of God, eternally begotten of the Father, God from God, Light from Light, true God from true God, begotten, not made, of one Being with the Father. Through him all things were made. For us and for our salvation he came down from heaven: by the power of the Holy Spirit he became incarnate from the Virgin Mary, and was made man. For our sake he was crucified under Pontius Pilate; he suffered death and was buried. On the third day he rose again in accordance with the Scriptures; he ascended into heaven and is seated at the right hand of the Father. He will come again in glory to judge the living and the dead, and his kingdom will have no end. We believe in the Holy Spirit, the Lord, the giver of life, who proceeds from the Father and the Son. With the Father and the Son he is worshipped and glorified. He has spoken through the Prophets. We believe in one holy catholic and apostolic Church. We acknowledge one baptism for the forgiveness of sins. We look for the resurrection of the dead, and the life of the world to come. Amen.

15 현재 터키 남동부의 도시 안타키아. 시리아와의 국경 지역에 자리 잡고 있으며, 기원전 300년께 건설된 세계에서 가장 오래된 도시 가운데 하나입니다. 서기 47년부터 55년까지 바울은 이 도시를 근거지로 삼아 '이방인들'을 전도했지요. 그리스도교라는 말이 처음 생긴 곳이기도 합니다. 콘스탄티누스 대제가 기독교를 공인한 뒤 로마, 콘스탄티노플, 알렉산드리아, 예루살렘과 함께 5대 교구였습니다. 하지만 526년 대지진이 일어나 25만여 명이 죽고 폐허가 되었지요. 살아남은 시민들이 애면글면 도시를 재건했지만 다시 지진이 일어났고, 숱한 제국들의 흥망 속에 휘말렸지요. 지금은 인구 15만 안팎의 작은 도시입니다.

〈뢰트겐 피에타〉. 성모 마리아의 고통을 생생하게 형상화했습니다.

스도의 신성을 부정했다고 '포문'을 열었습니다. 갈등이 깊어지자 당시 로마 황제 테오도시우스 2세(Theodosius Ⅱ)가 에페소(에베소)에서 회의를 열지요. 황제는 알렉산드리아 쪽의 손을 들어줍니다. 네스토리우스는 해임되어 추방되었지요. 그는 리비아 사막에서 숨을 거두지만, 그와 같은 생각을 가진 사람들은 '네스토리우스파'를 형성해 주장을 굽히지 않았지요. 1장에서 언급했듯이, 탄압을 피해 동쪽으로 갑니다. 5세기 말에 페르시아로 본거지를 옮긴 뒤, 인도와 중국까지 진출했습니다. 중국 당나라 때 '경교'로 불린 기독교가 네스토리우스교입니다.

415년에 열린 '칼케돈 공의회'는 네스토리우스가 제기한 문제를 포함해 예수의 신성과 인성을 다음과 같이 최종 정리합니다.

"우리는 모두 일치하여 가르친다. (…) 하나이며, 동일한 아들 우리의 주 예수 그리스도는 신성에서 완전하고 인성도 완전하며 (…) 혼합되거나 변질되거나 나뉘거나 혹은 분리되지 않는 두 본성을 지니며, 본성들 사이의 구분은 결코 연합을 통해 없어지지 않고 오히려 각 본성의 특성이 보존되고 한 인격과 존재로 협력한다."

삼위일체 신관의 정립

예수의 신성을 부인하는 아리우스파에 맞서 신성과 역사성을 동시에 강조하는 역사적 흐름을 살펴보았듯이, 로마제국의 '국교'로서 기독교의 '정통'이 정립되는 과정에는 정치권력자인 황제의 정치적 판단이 깊숙이 개입합니다. 결국 삼위일체의 신관이 기독교의 정통으로 정립되지요. 신은 성부와 성자와 성령의 '삼위일체(trinity)'라고 할 때, 그 정확한 의미를 짚어야 기독교를 이해할 수 있습니다.

기실 성부, 성자, 성령이란 말은 비기독교인들에게는 낯설거나 의미 없는 말로 다가올 수 있습니다. 쉬운 말로 옮기면 거룩한 아버지, 거룩한 아들, 거룩한 신령이 하나라는 뜻인데요, 상식에 비춰보면 선뜻 이해하기 어렵습니다. 네스토리우스가 마리아의 위치를 놓고 고심했던 이유이기도 하지요.

삼위일체는 오늘날 기독교인들이 믿는 신을 이해하는 데 고갱이입니다. 정통 기독교는 삼위일체가 아닌 신은 기독교의 신이 아니라고 단언합니다. 정통 기독교가 그렇게 말하는 이유는 삼위일체를 중시하지 않는 기독교인이 많다고 판단해서인데요.

삼위일체를 신앙의 핵심으로 보지 않는 사람들은 성경에, 또 예수의 직접 가르침에 '삼위일체'라는 말이 없다는 사실에 주목합니다. 삼위일체론은 기독교가 로마제국의 국교가 되면서 정립된 신관이라는 거죠.

하지만 정통 기독교는 그렇게 생각하지 않습니다. 비록 성경에 '삼위일체'라는 말은 나오지 않지만, 성경의 내용을 살펴보면 삼위일체를 입증하는 대목이 많다고 설명합니다.

이를테면 예수가 요한에게 세례를 받을 때 하늘에서 비둘기가 내려오고, 신이 "이는 내 사랑하는 아들이요, 내 기뻐하는 자"(마태복음 3:17)라고 했다는 대목에서 아버지인 신, 아들인 예수, 성령(비둘기)이 모두 등장한다는 거죠. 예수가 하늘로 오르면서 제자들에게 "너희는 가서 모든 민족을 제자로 삼아 아버지와 아들과 성령의 이름으로 세례를 베풀어라"(마태복음 28:19)고 한 말이나 "아버지께서 다른 보혜사(保惠師)를 너희에게 보내셔서 영원히 너희와 함께 계시게 하실 것"(요한복음 14:16)이라고 격려한 말도 삼위일체의 근거로 제시합니다.

바울도 "주 예수 그리스도의 은혜와 신의 사랑과 '성령의 교통하심'(the communion of the Holy Ghost)이 너희 무리와 함께 있을지어다"(고린도 후서 13:13)라고 강조했습니다. 성경을 전체로 볼 때 성부인 신, 성자인 예수, 성령이라는 삼위가 인격적으로 존재한다는 게 깔려 있다는 거죠.

삼위는 어떤 서열이나 등급이 있지 않습니다. 동등하게 하나의 신성을 이룹니다. 성경에 성부인 신과 예수가 동일한 신성임을 밝힌 대목이 명확하게 나옵니다. 예수가 살아 활동할 때, 제자들은 여전히 신을 만나고 싶어 했습니다. 예수는 제자들에게 "나와 아버지는 하나"(요한복음 10:30, I and my Father are one)라고 말합니다. 빌립과의 대화는 더 구체적이지요. 빌립이 "주님, 저희에게 아버지를 보여주십시오. 저희에게는 그것으로 충분합니다"라고 청할 때, 예수는 "빌립아, 내가 이렇게 오랫동안 너희와 함께 있었는데, 아직도 너는 나를 모른단 말이냐? 나를 본 사람은 아버지를 본 것이나 다름이 없는데, 어떻게 네가 '저희에게 아버지를 보여주십시오'라고 말하느냐? 너는 내가 아버지 안에 있고, 아버지께서 내 안에 계신 것을 믿지 못하느냐? 내가 너희에게 하는 말은 내 스스로 하는 말이 아니다. 이 말은 내 안에 계시면서 그분의 일을 하시는 아버지의 말씀"(요한복음 14:8~10)이라고 답합니다.

예수는 이어 "내가 아버지 안에 있고, 아버지께서 내 안에 계신" 걸 믿으라고 거듭 강조하지요. 바울 또한 "신이 예수 안에 계셔서 세상을 자기와 화목케 했다"(고린도 후서 5:19)라고 단언합니다. 성령은 성부의 영(마태복음 10:20)이면서, 아들의 영(갈라디아서 4:6)이고, 예수의 영(사도행전 16:7)입니다. 신약성경에는 '성령'과 '예수'의 상호성이 명확해서 서로 말을 바꿔 말해도 전혀 문제가 없다고 합니다.

기독교는 굳이 성경의 문구에 연연하지 않더라도 예수의 출생에서 십자가 처형, 부활까지 모두 성령이 하는 일이며, 그 일에서 성부인 신과 이어져 있다는 걸 발견할 수 있다고 강조합니다. 기독교 초기에 박해로 죽은 교인들은 성령을 체험하며 예수를 보았고, 성부인 신을 느꼈다는 거죠. 기독교 공동체의 2000년 역사는 삼위인 신을 체험하고 고백한 기록으로 가득 차 있다고 합니다. 삼위일체가 오래된 시대의 '교리'가 아니라 지금도 생생한 체험으로 다가오는 사람들이 많다고 하지요.

삼위일체가 중요하기 때문에 신학적 정의도 또렷하게 정리되어 있습니다. 삼위라고 할 때 '위'는 '위격'을 뜻하는데요. '위격'을 의미하는 영어 '퍼슨'(person)은 라틴어 '페르소나'(persona)에서 비롯됐습니다. 페르소나의 본디 뜻은 '얼굴에 쓰는 가면' 또는 '연극의 배역'이지요.

가톨릭 교인들이 '성호'를 긋는 이유

삼위일체라는 말을 처음 쓴 사람은 신학자 터툴리아누스(Turtullianus)입니다. 그는 신이 인류를 구원하는 '장대한 드라마'에서 세 가지 모습으로 자신을 나타낸다고 보았습니다. 신은 한 분이지만 창조주인 신(성부), 인간의 몸을 입고 오신 예수 그리스도(성자), 신과 예수의 대리자인 보혜사(성령)로 자신을 드러냈다는 거죠. 터툴리아누스의 '삼위일체론'은 그 뒤 니케아―콘스탄티노플 공회의까지 '정교화'의 과정을 거칩니다.

신학자들은 삼위일체를 숫자로 해석하는 잘못을 경고합니다. 신은 하나인데 때로는 성부로, 때로는 성자로, 때로는 성령으로 나타난다고 해석하면 '단일신’의 잘못으로 빠져들 수 있다는 거죠. 더러 삼위일체를 물이 액체, 고체, 기체로 존재하는 것에 비유하기도 하는데, 그것은 기독교의 신을 정확히 이해하는 걸 오히려 가로막는다고 합니다. 기독교의 유일신은 ‘삼위일체의 신’이지 단일신이 아니라는 주장인데요. 단일신의 논리로 보면, 성부와 성자와 성령은 삼위가 아니라 호칭에 불과하게 되지요. 구약 시대에서는 ‘야훼’로, 신약 시대에는 ‘예수’로, 그 이후는 ‘성령’으로 나타난다는 식의 삼위일체 해석도 시대에 따라 신의 모습이 달라진다는 ‘양태론’으로 비판받습니다. 정통 기독교에 따르면, 단일신론과 양태론의 가장 큰 문제는 신이 삼위가 아니라 한 위격이라고 오해하는 데 있습니다.

신학자들에 따르면, 성부와 성자와 성령이 서로 소통하며 일체가 되는 공동체적(또는 통일체적) 신이 기독교의 ‘유일신’입니다. 그 같은 통일성이 있기에 성부는 성자 안에 있고, 성령 안에도 있습니다. 성자도 성부 안에 있고, 성령 안에 있지요. 성령 또한 성부 안에, 성자 안에 있습니다. 그러니까 성부, 성자, 성령은 각각 독립해서 존재하는 게 아니라 서로 ‘침투’해 각각 그 안에 있습니다. 세 위격은 서로 맡은 게 다르지만 구별되면서 동시에 일치하는 형태로 역사 속에서 활동한다고 보는 거죠.

기독교인들은 오랜 세월에 걸쳐 성부, 성자, 성령이 각각 고유한 속성을 지니고 있다고 생각했습니다. 성부는 전능(全能), 성자는 전지(全知), 성령은 전선(全善)으로 표현했습니다. 성부를 태초의 근원, 성자를 지혜, 성령을 덕성으로 부르기도 했지요.

가톨릭 교인들이 기도를 하거나 성당에 들어갈 때 오른손으로 ‘성호’를 긋는 모습이 삼위일체를 믿는다는 고백입니다. 먼저 이마를 짚는 것은 온 우주를 주재하는 성부를, 가슴을 짚는 것은 사람으로 나타나 사랑을 가르친 성자를, 두 어깨를 짚는 것은 은총의 근원으로 모든 걸 새롭게 하는 힘, 곧 성령을 상징합니다.

현대에 들어와 신학자들은 삼위가 각각 자신만의 고유한 속성이나 맡은 일만 하면 결국 온전한 일치가 깨진다고 보았습니다. 가령 성부가 천지창조의 행위를 하고, 성자는 십자가에서 대속적 죽음으로 구원에 나서고, 성령은 거룩한 영으로 세계에 나타난다고 판단하면 삼위는 각자 고유한 영역을 가지게 됨으로써 결국 삼위의 공동체성이 훼손될 가능성이 높다는 거죠.

그러므로 삼위가 함께 활동한다는 표현이 좋다고 합니다. 그러니까 천지창조는 성부의 단독 행위가 아니지요. 성부가 성자, 성령과 함께한 사건입니다. 십자가의 구원 또한 예수의 단독 행위가 아니라 삼위인 신의 행위입니다. 성령의 성화 또한 삼위의 역사가 됩니다.

성경이 어떤 사건을 때로는 성부, 때로는 성자, 때로는 성령의 행위로 표현하지만 실제로는 삼위가 함께 했다고 보아야 옳다는 거죠. 바로 그렇기에 예수의 십자가 처형은 성자가 성부와 더불어 성령을 통해 실행한 '인류 구원 사업'이 됩니다.

깨달음을 강조한 영지주의가 왜 '이단'인가요?

모든 사람의 안에는 '신의 영원한 불꽃'이 있는데 험한 세상에서 살아가느라 그것을 모르고 있다는 영지주의는 '깨달음'(영지)을 강조합니다. 정통 기독교에선 영지주의를 이단으로 규정하면서 그 이유를 "예수가 육체를 갖고 태어나 그 고통을 통해 인간의 원죄를 속죄했다는 데에 영지주의가 동의하지 않았다"고 제시합니다.

신학자들은 꼭 그 이유만으로 영지주의가 이단이 되었다고 보기는 어렵다고 분석합니다. 개인적 깨달음을 통해 구원을 받는다는 사상은 '정통파 성직자들'의 눈에는 불손하게 보일 수밖에 없다는 데 주목합니다. 성직자들의 권위는 물론, 그들이 굳이 존재해야 할 이유를 축소시킬 수 있으니까요. 이미 3세기에 조직적 탄압이 이뤄졌지만, 영지주의는 완전히 사라지지 않았습니다. 다양한 모습으로 변화하고 발전했지요. 기독교 역사를 보면, 개인적 깨달음을 강조한 영지주의의 가르침이 '정통 기독교 교리'보다 오히려 더 합리적이라고 생각한 사람들이 적지 않았습니다.

최근 신학자들은 영지주의에서 강조하는 극단적 영육이원론은 받아들이기 어렵지만, 그들 주장의 고갱이는 진지한 성찰이 필요하다는 데 의견을 모으고 있습니다.

'믿음'보다 '깨달음'을 중시할 때 기독교에 새로운 지평이 열릴 수 있다고 보는 사람도 있습니다. 캐나다 대학에서 종교학을 가르쳐온 비교종교학자 오강남은 기독교가 영지주의적 요소를 배제하지 않고 그대로 유지했다면 현재 불교와 훨씬 더 넓은 공감대를 형성할 수 있었을 것이고, 이에 따라 두 종교 간의 대화도 순조롭게 전개되었으리라고 주장합니다. 그는 기독교에서 '깨달음 중심주의적 차원'이 다시 회복되어 성경의 깊은 면을 볼 수 있어야 한다고 역설합니다. 역사학자 아널드 토인비(Arnold Toynbee)가 20세기 최대의 사건으로 '기독교와 불교의 만남'을 꼽은 사실도 새겨볼 필요가 있겠지요.

유일신이지만 단일신은 아니다? 무슨 뜻인가요.

기독교 신학자들은 일반인은 물론, 적잖은 기독교인들도 '유일신'을 '단일신'으로 잘못 파악하고 있다고 지적합니다. 단일신론의 오류를 세 가지 범주로 설명하지요.

첫째, '성부'의 단일신입니다. 구약의 야훼부터 앞으로 올 심판의 날까지 모든 중심에 성부(아버지 신)가 있다는 신관이지요. 여기서 성자와 성령은 동등하지 않습니다. 언뜻 보면 강력한 유일신으로 보이고 신앙도 철저해 보입니다. 그러나 그 신은 기독교의 삼위일체와는 다른 신입니다. 오히려 유대교의 신과 비슷하죠.

둘째, '성자'인 예수의 단일신입니다. 오직 예수만 찾는 사람들이 있지요. 예수가 십자가에서 흘린 피로 인류는 죄를 용서받았기에 예수를 믿어야 한다고 강조합니다. '예수 천국, 불신 지옥'도 바로 이런 사고에서 나오는 '신앙'인데요, 개개인의 '구원'에만 관심을 집중하므로 성부도 성령도 보이지 않습니다. 성부, 성자, 성령의 삼위가 보이지 않고 '예수 숭배'로만 젖어들지요.

셋째, '성령'을 중심에 둔 단일신입니다. 내면적으로 성령을 체험하는 일에 모든 신앙의 관심이 집중되어 예수의 삶과 죽음의 의미를 생각하지 못합니다. 성부도 나타나지 않지요. 그 결과, 사사로운 영적 체험을 '성령'으로 착각합니다. 사회적으로 물의를 빚는 '시한부 종말론'이나 구원받는 사람의 숫자가 고정되어 있다는 따위의 '경직된 구원론'으로 빠져들기 십상입니다.

따라서 삼위일체의 신을 '3'과 '1'이라는 숫자 개념으로 이해하면 오류를 범할 수 있다고 경계합니다. 신학자들은 성부, 성자, 성령이라는 세 위격이 숫자로 '하나'의 본질이나 신성이라는 생각에서 벗어나라고 조언합니다. '하나'인 신과 세 인격체라고 할 때 그 하나는 숫자가 아니라 세 위격의 '공동체'로 이해해야 옳다는 거죠.

기독교가 보기에 이슬람교는 단일신입니다. 실제로 삼위일체를 인정하지 않으니까요. 하지만 같은 이유에서 이슬람교는 기독교가 신을 왜곡했다고 봅니다. 예언자인 예수를 신과 동등하게 보는 것은 옳지 않다고 보기 때문입니다.

5장 천국의 꿈, 십자군 전쟁

로마의 황제 테오도시우스 1세(Theodosius I). 그가 기독교를 제국의 '국교'로 선포한 것은 서기 392년입니다. 기독교를 국교로 선포한 황제는 곧장 '이교도'들을 탄압했습니다. 탄압받던 기독교가 이제 국교가 되어 다른 종교를 박해한 셈이지요.

기독교는 삼위일체의 교리 체계를 갖추고 로마의 국교로 성장해 가지만, 제국은 서서히 기울기 시작합니다. 테오도시우스 1세가 숨진 뒤, 로마제국은 동로마와 서로마로 갈라집니다. 다시는 통일하지 못하죠. 서로마제국이 그 뒤 100년도 안 되어 멸망했으니까요.

476년 게르만인 용병대장 오도아케르(Odoacer)가 로마에 입성한 뒤 황제를 폐위하고 서로마제국에 마침표를 찍었습니다. 그 뒤 동로마제국은 1453년까지 존속했지만, 서로마제국의 멸망 이후부터 '모든 길은 로마로 통한다'라는 말은 딱히 들어맞는 이야기가 아니었지요. 동로마제국이 서로마제국 이후 1000년을 더 유지했다고 말합니다만, '동로마'라는 이름에 걸맞지 않게 그 시대의 여러 왕조 국가들 가운데 하나 정도의 위상을 지녔을 뿐입니다. 그나마 1200

년대부터는 '약소국가'로 연명하는 수준이었지요.

교회의 아버지, 아우구스티누스

중세 최고의 신학자이자 '교회의 아버지'로 불릴 만큼 큰 영향을 끼친 아우구스티누스(Augustinus)가 북아프리카의 누미디아 타가스테(지금의 알제리)에서 태어났을 때, 로마제국이 쇠락하는 징후는 이미 또렷하게 나타나고 있었습니다.

아우구스티누스의 아버지 파트리키우스는 '비기독교인'이었지만, 어머니 모니카가 독실한 신자였습니다. 청소년 아우구스티누스는 카르타고에서 수사학을 배우고 마니교에 몰입했습니다. 383년 수도인 로마로 올라가 학문에 뜻을 두었으나 곧 실망하고 쾌락에 빠져들지요.

10대부터 끊임없이 정욕에 사로잡혀 방탕한 생활을 해온 아우구스티누스가 서른세 살이 된 어느 날이었습니다. 밀라노의 친구 집에 머물다가 깊은 절망감에 사로잡혀 무화과나무 아래서 눈물을 쏟고 있었지요. 그때, 담 너머에서 놀던 한 아이가 누군가에게 "집어 들고 읽어"라고 소리치는 말이 들려왔습니다.

아우구스티누스는 벌떡 일어나 친구가 있는 방으로 바삐 걸어갔지요. 그리고 친구가 읽고 있던 책 – 성경이었습니다 – 을 집어 들고 읽었습니다. 그때 아우구스티누스의 눈에 들어온 구절이 "주 예수 그리스도로 온몸을 무장하십시오. 그리고 육체의 정욕을 만족시키려는 생각은 아예 하지 마십시오"(로마서 13:14)였지요. 이를 계기로 아우구스티누스는 회심합니다.[16]

그 이후 본격적으로 기독교인으로서 신학의 길을 걸어갔습니다. 388년 고향인 북아프리카로 돌아와 391년 서품을 받았고, 395년 히포의 주교가 됩니다. 아우구스티누스는 『고백록』에서 신을 다음과 같이 찬미했습니다.

"탐욕이라는 악덕은 많은 것을 소유하려 하지만 당신은 모든 것을 소유하셨습니다. 질투라는 악덕은 다투어 남보다 뛰어나기를 원하지만 당신보다 뛰어난 자는 없습니다. 노여움이라는 악덕은 복수를 요구합니다만, 당신 이상으로 올바른 복수를 하는 자는 없습니다. (…) 영혼들이 당신에게로 돌아가기만 하면 순수하고 투명한 모습으로 찾을 수 있으련만, 당신을 떠나 당신 밖에서 찾아보려고 애쓰고 헤맵니다. 당신을 피하여 멀리 달아날 듯이 행하는 모든 자들이 사악하게 당신을 모방하고 급기야 당신을 거슬러 큰 죄를 범합니다. 그러나 그들이 아무리 당신을 모방하려고 할지라도 당신께서 모든 자연의 창조주이시고 따라서 어느 것도 당신을 완전히 떠날 수 없다는 것을 그들 스스로가 누설합니다."

아우구스티누스는 반달족의 침입으로 로마제국이 어수선한 상황에서 430년 눈을 감을 때까지 글쓰기에 전념했습니다. 제국이 국경 지대로 몰려드는 '야만인'들로 흔들리자 아우구스티누스는 자기 소임을 발견하지요. 결국 그

16 아우구스티누스가 남긴 기도문 〈젊은 날에 대한 회개〉에는 그의 심경이 잘 드러나 있습니다. "신이여, 젊은 날에 제가 누렸던 육체적 타락을 기억합니다. 그것을 기억해 내는 것은 제가 아직도 그것을 탐해서가 아니라 신을 더욱 사랑하기 위해서입니다. 그 부끄러운 기억을 다시 떠올리려는 것은 주님의 사랑에 대한 제 사랑 때문입니다. 그 기억은 저에게 쓰라린 아픔이 됩니다만, 그렇게 함으로써 주님의 달콤한 은혜를 맛보기를 기대합니다. 그 달콤한 맛은 거짓이 아니며 참된 만족과 행복을 줍니다. 주님은 산산조각으로 흩어져 있던 저를 모아주셨습니다. 주님 안에서 하나였던 저는 주님을 떠남으로써 여러 조각으로 흩어졌습니다. 청소년 시기에 한번은 지옥불 같은 쾌락에 제 몸을 불사르기도 했고, 성적 욕구를 위해 어둠의 숲을 헤매기도 했습니다. 자신을 즐겁게 하고 다른 사람들의 인정을 받기 위해 노력한 결과 제 아름다운 빛이 변하여 썩은 듯하게 되었고 제 힘이 다 없어졌습니다."

아우구스티누스가 밀라노의 어느 정원에서 개종하는 순간.

는 기독교 신학에 두 기둥을 세웁니다.

먼저 원죄론입니다. 아우구스티누스는 인간의 성욕을 아담과 이브의 타락 때문에 인간에게 씌워진 '원죄'로 풀이했습니다. 인간은 모두 죄인으로 태어났다고 본 거죠. 청소년 시절에 방탕했던 자신의 경험이 담겼다고 볼 수 있습니다. 그런데 신이 미리 예정한 사람들은 신의 절대적인 은혜와 사랑으로 구원을 받게 된다고 보았지요. 예정론입니다.

그의 원죄론은 기독교 신학에 큰 영향을 끼쳤습니다. 아담은 죄를 짓지 않을 수 있는 능력과 죄를 지을 수 있는 능력, 곧 자유의지를 지녔는데, 교만과 불신 때문에 영원히 살 수 있는 가능성과 죄를 짓지 않을 수 있는 능력을 잃었다고 본 거죠. 물론, 타락 이후에도 자유롭긴 했지만 이미 죄를 짓지 않도록 해주는 은총을 상실했기에 죄를 짓는 쪽으로만 자유로웠다고 주장합니다.

아우구스티누스는 아담이 인류의 모든 후손에게 원죄를 물려주었다고 생각했습니다. 출생이 '성적 욕망'에서 비롯되면서 원죄가 이어진다는 거죠. 하지만 신의 은혜로 인간은 도덕적 행위와 종교적 행위를 할 수 있습니다. 신의 은혜가 없으면 인간의 모든 의지와 행위는 죄를 벗어날 수 없지요. 따라서 사랑은 피조물이 지닐 수 있는 성품이 아닙니다. 성령의 힘입니다. 신의 사랑을 받지 못한다면 우리는 신을 사랑할 힘도 없고, 어떤 선행도 할 수 없다고 본 거죠. 신이 구원할 사람들을 이미 예지했다는 예정론의 근거도 여기에 있습니다.

예정론을 주장했다고 해서 인간의 의지를 가볍게 본 것은 아닙니다. 「견인의 은사에 대하여」에서 아우구스티누스는 "예정을 가르친다고 해서 견인하며 전진하는 믿음을 가르치지 말라는 것이 아니다"라고 분명히 밝힙니다. 다만, 충실한 신앙생활을 하는 사람이 그것을 자신의 공로로 생각하면 교만해지므로 "(자신을) 자랑하는 사람이 주님을 자랑하기 위해 예정 선포가 필요"

하다고 강조합니다. 인간의 교만과 자기 자랑을 경계하려는 의도였지요.

인간 본성의 원죄론을 토대로 아우구스티누스는 인간의 역사를 바라보는 기독교 사상을 정립했습니다. 22권에 이르는 『신의 나라』가 그것인데요. 흔히 『신국론』(神國論)으로 알려진 『신의 나라』는 아우구스티누스의 대표작으로, 말년인 413~426년에 저술했습니다. 서유럽 기독교 사상의 금자탑으로 꼽히지요.

아우구스티누스는 인류의 모든 역사를 신의 뜻과 구원 계획에 따라서 전개되는 일회적 과정으로 보았습니다. 『신의 나라』는 신학뿐 아니라 철학, 특히 서양 역사철학에 깊은 영향을 끼칩니다.

'신의 나라'는 지상의 왕국인 '세상 나라'와 대칭 개념인데요. 아우구스티누스에 따르면, 신의 나라와 세상 나라가 서로 얽혀 있지만 결국 신의 나라가 승리합니다. 신의 나라가 세상 나라에 참여하여 끊임없이 변화시키기 때문입니다.

아우구스티누스는 『신의 나라』를 60대에 들어서서 22권의 대작으로 썼습니다. 이걸 쓰게 된 결정적 계기는 게르만족의 하나인 서고트족이 410년에 일시적이나마 로마를 점령한 사건 때문이었습니다. 그 시점까지 800년 내내 제국의 수도 로마는 단 한 차례도 외세에 점령된 일이 없었지요. 그 '위대한 로마'가 문명이 발달하지 못한 '야만족'들에게 짓밟혀 죽임과 강간, 약탈을 당하는 살풍경에 아우구스티누스는 큰 충격을 받았습니다.

아우구스티누스가 『신의 나라』에서 키케로의 저작을 인용해 '알렉산더 대왕과 해적'의 일화를 담은 것은 집필 의도를 엿보게 해줍니다. 온갖 노략질로 원성 높았던 해적이 이윽고 알렉산더 앞에 끌려왔을 때입니다. 알렉산더가 "네 놈은 대체 왜 그렇게 사람들을 괴롭히는가?"라고 꾸짖었을 때, 해적은 거침없이 쏘아붙입니다. "그것은 당신이 사람들을 괴롭히는 이유와 같소. 다만, 나는 배 한 척으로 일을 하기 때문에 해적이라 부르는 것이고, 당신은 큰 함대를 거느리고 일을 하기 때문에 '대왕'이라고 할 뿐이오."

아우구스티누스는 일화를 소개한 뒤 전쟁을 통한 영토의 확장은 해적의 강탈 행위와 도대체 무엇이 다른지 묻습니다. 이어 명쾌하게 결론을 내리지요. 정의가 없는 국가는 해적과 근본적으로 같다고요.

아우구스티누스는 신을 멀리하는 나라는 '강도 집단'에 지나지 않는다며, 그것은 신을 멀리하려는 인간들의 교만이 낳은 결과라고 풀이합니다. 교만한 자들의 공동체가 아닌, 신의 은총으로 겸손하게 구원을 고대하는 공동체가 신의 나라이지요. 그 공동체가 바로 교회입니다.

로마가 언젠가 멸망하리라고 본 아우구스티누스가 죽음을 맞기 전에 온 열정을 쏟아 『신의 나라』를 써가는 모습을 상상해 보기 바랍니다. 설령 로마제국이 그가 '야만족'[17]이라고 부른 사람들에게 멸망당하더라도, 사상적 힘을 줄 수 있는 논리를 체계화한 것이지요. 그 사상이 교회의 중요성을 강조했기에 그를 '교부'(교회의 아버지)라 부릅니다. 중세 신학을 '교부철학'이라 부르는 것도 같은 이치이지요.

---

17 로마제국의 외곽에 머물던 게르만족을 흔히 '야만족'으로 부르는 학계와 지식인들의 관행은 사실 '로마의 관점'에서 본 편견이지요. 물론, 그들에게 아직 문자가 없었기에 야만족이라고 할 수 있을지 모르겠지만, 이미 그 시점에서 음악과 무용을 즐겼고 보리로 맥주도 만들어 즐기고 있었습니다. 영웅을 칭송하는 시를 즐겨 암송하기도 했지요. 신앙은 자연숭배로 다양한 신들을 인격화했습니다. 게르만인은 당시 퇴폐적인 로마인과 달리 몸을 단련하고 순결과 도덕성, 충성, 소박, 정열, 공동체 의식이 두루 강했습니다. 오늘날로 보면 앵글로색슨인을 비롯하여 스웨덴·덴마크·노르웨이·네덜란드·독일인들이 게르만 민족이지요. 인류학으로 북방인종에 속하며, 남방인종과 견주어 몸이 크고 금발에 푸른 눈이 특징입니다. 그들이 북방에서 로마 국경 지대로 밀려든 것은 당시 아시아에서 침입해 온 훈족(튀르크계의 기마민족)의 강력한 군사력을 피해서였습니다.

서유럽 전체를 통합한 교회

아우구스티누스가 우려했듯이 서로마제국은 그의 사망 후 반세기도 안 되어 476년 멸망합니다. 서로마제국의 붕괴 이후 서유럽은 강력한 제국이 없는 상태로 여러 '봉건 국가'들의 시대로 접어들지요. 정치권력이 분산되면서 서유럽을 통합할 유일한 안정 세력으로 교회가 주목을 받습니다.

이미 아우구스티누스는 『신의 나라』에서 "사람이 신의 은혜를 입는 것은 교회와 그 신비를 통해서만 가능할 뿐, 교회 밖에는 구원이 없다"는 유명한 말을 남겼지요.

'신의 나라' 개념을 좀 더 깊이 살펴볼까요? 번역하는 사람마다 조금씩 달리 표현했지만, '신의 나라'는 흔히 말하는 '천국'이나 '천당' 또는 '하늘 나라'와 같은 말입니다.

이미 예수 자신이 '신의 나라'를 중요하게 가르쳤지요. 처음 던진 메시지가 '신의 나라' 선포였습니다. 예수는 "때가 찼다. 신의 나라(The kingdom of God)가 가까이 왔다. 회개하고 복음을 믿어라"(마가복음 1:15)고 가르쳤습니다. 〈마태복음〉은 '하늘나라'(kingdom of heaven)로 표기했는데요, "마음이 가난한 사람은 복이 있다. 하늘나라가 그들의 것이다"(마태복음 5:3)라고 기록했지요. 〈마태복음〉은 유대인[18]을 대상으로 한 기록이기 때문에 '신'을 함부로 쓰지 않아 '하늘'로 대체했을 뿐 같은 뜻이라고 학자들은 보고 있습니다.

18 유대인들은 '하늘나라' 곧 '신의 나라'를 자기 민족의 역사 속에서 이해했지요. 당시 유대인들이 기다리던 메시아는 로마제국을 무찌르고 다윗과 솔로몬 시대의 황금기를 되찾게 해줄 정치적 메시아였습니다. 그 메시아가 통치하는 세상을 '하늘나라'라고 생각했죠. 하지만 예수에 이르러 '신의 나라'는 새로운 의미를 갖게 됩니다.

흔히 '신의 나라'라고 하면 '나라'라는 말이 주는 선입견 때문에 어떤 국가 개념으로 생각합니다만, '나라'의 원문은 '바실레이아'(basileia)로 '왕적인 통치'(kingly reign)를 의미합니다. 그러니까 '신의 나라'는 곧 '신에 의한 왕적인 통치 또는 지배'를 뜻하지요.

따라서 '신의 나라'는 '국가'가 아닐뿐더러 단순한 '공간'이나 '장소'도 아닙니다. 물리적 공간을 넘어 '신의 통치가 이르는 모든 것'을 뜻하니까요. 우리가 어떤 물리적 공간이나 장소에 들어간다고 해서 '신의 나라'에 속하는 게 아니라, 신이 가르쳐준 사랑과 정의가 지배하면 바로 '신의 나라'가 펼쳐지는 거죠.

바로 그래서이지요. '신의 나라'가 어느 때에 오느냐고 묻는 바리새인들에게 예수는 또박또박 답합니다.

"신의 나라는 볼 수 있게 임하는 것이 아니요, 또 여기 있다 저기 있다고도 못하리니 신의 나라는 너희 안에 있느니라."(누가복음 17:20~21)

"신의 나라는 볼 수 있게 오지 않는다"(The kingdom of God does not come with your careful observation)라고 단호히 말하는 예수, "신의 나라는 너희 안에 있다"(the kingdom of God is within you)고 명토 박은 예수의 가르침은 '예수 천국, 불신 지옥'을 떠들고 다니는 사람들의 신앙이 얼마나 천박한가를 깨우쳐 줍니다. 어떤 사람이 '신의 나라', '하늘나라'를 사람이 죽어서 가는 '천당'이라는 수준으로 이해한다면, 그것은 자신이 예수는 물론 기독교를 잘 모른다는 자기 폭로에 지나지 않습니다. 우리가 이미 짚어보았듯이 신의 나라는 예수가 가르쳐준 사랑과 정의가 지배하는 곳이니까요.

예수가 십자가에 못 박힌 뒤 그의 가르침을 따르는 사람들은 교회 공동체를 구성해 나가면서 교회를 '신의 나라'로 이해했습니다. 초기 기독교 공동체 사람들은 예수가 겨자씨와 누룩을 비유한 대목(마태복음 13장)에 주목했지요. 처음에는 예루살렘 땅 한구석에서 미미하게 시작된 교회와 기독교가 온 세계로 퍼져가리라고 확신했습니다. 실제로 기독교는 로마제국의 국교가 되면서 유럽 대륙 전역으로 확산됐지요.

서로마제국이 무너진 뒤에도 기독교는 영향력을 잃지 않았습니다. 로마가 몰락한 뒤 서유럽에 여러 왕국이 들어서면서 오히려 기독교와 교회는 서유럽 전체를 통합하는 '신의 나라'로 자기 위상을 굳혀갑니다.

시간이 흐르면서 교회는 점점 세속 권력까지 행사하지요. 지상에 강력한 중앙집권적 권력이 없었기에 가능한 일이었습니다. 아우구스티누스가 집약한 '신의 나라' 논리도 그 밑바탕에 깔려 있었겠죠.

교황과 황제의 대립

8세기부터는 왕위에 오를 때 교황이 '재가'하는 문화가 정착됩니다. 권위의 위계도 공식화하지요. 세상 위에 교회, 교회 위에 교황이 있다고 선언합니다.

그런데 프랑크왕국의 샤를마뉴(Charlemagne) 대제가 서로마제국 대부분을 정복하고 이탈리아까지 들어와, 롬바르드족의 공격으로 위협받던 로마 교황을 구해주는 사건이 일어나죠. 교황은 그 보답으로 800년 샤를마뉴 대제에게 황제의 관을 씌워줍니다. 그때부터 프랑크왕국은 '제국'이라 불리기 시작했고, 당대 사람들은 '로마제국의 부활'로 여겼지요.

그 뒤 10세기 중엽에 오토 1세(Otto I)는 왕권을 강화하기 위해 교회와 적극 손잡습니다. 귀족 세력이 강탈했던 교회와 수도원의 토지를 되돌려주고 보호

교황 레오 3세가 샤를마뉴 대제에게 황제의 관을 씌워주고 있는 모습.

해 주었지요. 마침 로마 현지의 귀족들에게 괴롭힘을 당하던 교황이 구원을 요청하자 로마까지 원정에 나섭니다. 교황 요한 12세는 그 보답으로 962년 로마에서 오토 1세에게 '신성로마제국'[19] 황제의 제관을 씌워줍니다.

신성로마제국은 이름부터 종교 색채가 묻어납니다. 당시 기독교인들은 로마를 세계 최후의 국가로 생각했습니다. 로마의 멸망에 좌절하지 않고, 오히려 '신의 나라'로 들어가는 관문이 된다고 판단했죠. '거룩한 로마'라는 이름이 국가에 붙은 이유입니다.

제국이 교회를 보호하고, 교회를 통해 제국을 통합하는 신성로마제국 오토 1세의 정책은 그 뒤 황제들에게 계승되었습니다. 특히 하인리히 3세(Heinrich III)는 교회를 지키는 것은 황제의 의무라고 확신해 교황청 내부에 들끓던 부패를 청산하고 나섰지요. 자신의 뜻대로 교황을 네 명이나 갈아치우기도 했습니다.

그런데 아들 하인리히 4세에 이르러선 상황이 역전됩니다. 1077년에 저 유명한 '카노사의 굴욕'이 일어나지요. 하인리히 4세와 교황 그레고리우스 7세(Gregorius VII)가 성직자 인사권을 놓고 갈등을 빚자, 교황은 황제를 전격적으로 파문합니다. 당시 귀족들의 반란 움직임이 활발했던 시기였기에, 하인리히 4세는 왕권을 지키기 위해 직접 교황을 찾아가 용서를 빌었습니다. 가까스로

---

19 신성로마제국의 대표적 황제는 호엔슈타우펜 왕조의 프리드리히 1세(Friedrich I)입니다. 후세의 독일 민간설화에서 그가 죽어 묘지에 잠자고 있지만 언젠가는 소생해 독일을 구출해 낼 불사의 영웅으로 묘사되는 인물입니다. 하지만 그 뒤 신성로마제국의 실체는 혼란기로 접어들지요. 1438년에는 오스트리아의 합스부르크 왕가가 제위를 계속적으로 이어가는 합스부르크 시대를 맞습니다. 독일은 여러 제후가 자기 소유의 영지에서 할거하는 상태가 지속됩니다. 18세기 이후에는 오스트리아와 프로이센이 헤게모니 싸움을 벌이지요. 이미 한 국가로서 실질적인 의의를 잃은 채 형체만 남아 있던 신성로마제국은 프랑스 나폴레옹의 침입을 받아 1806년 최종 소멸됩니다.

파문이 취소되었지요. 황제가 교황을 찾아가 용서를 빈 곳의 지명을 따 '카노사의 굴욕'이라고 불리는 이 사건은 교황이 신성로마제국의 황제를 발아래 두고 있었다는 결정적 사례로 제시되어 왔습니다.

다만, 신성로마제국의 황제와 교황 사이의 관계를 일률적으로 설명할 수는 없습니다. 하인리히 4세만 보더라도 왕국 내부의 분열로 어쩔 수 없이 교황 앞에 굴욕을 당했지만, 왕권을 안정시킨 뒤 '보복'에 나서지요. 애초 하인리히 4세가 교황 앞에 머리를 숙인 것은 진심이 아니었거든요. 어린 나이에 왕위를 물려받아 아직 귀족들을 다 장악하지 못했을 때, 내부 반란이 두려워 '카노사의 굴욕'을 감수했을 뿐입니다. 하인리히 4세는 파문에서 벗어난 뒤 곧장 궁으로 돌아가 그를 반대하던 귀족들을 하나 둘 제압해 나갑니다.

왕권을 안정시킨 하인리히 4세는 교황을 내놓고 무시하기 시작하죠. 교황은 격분해서 1080년 황제를 다시 파문하고 폐위시켰습니다. 하지만 하인리히 4세는 이미 3년 전의 그가 아니었죠. 하인리히 4세는 오히려 교황 그레고리우스 7세를 폐위한다고 선언했습니다. 이어 군대를 몰아 교황청이 자리 잡고 있는 로마로 들어가지요. 로마가 함락되면서 그레고리우스 7세는 가까스로 탈출해 남부로 도주합니다.

결국 교황이 바뀝니다. 하인리히 4세는 새 교황으로 클레멘스 3세(Clemens III)를 세우지요. 하지만 교회는 황제가 임명한 교황을 받아들일 수 없었습니다. 로마를 탈출한 그레고리우스 7세가 1085년 병사하자 새 교황을 선출하지요. 빅토르 3세(Victor III)입니다. 빅토르 3세는 하인리히 4세가 세운 '대립 교황' 클레멘스 3세를 파문하고 교황청의 질서를 바로잡습니다. 그가 일찍 죽자 후임으로 우르바누스 2세(Urbanus II)가 교황에 오릅니다.

왜 십자군 전쟁을 일으켰나?

신성로마제국의 황제 하인리히 4세가 건재한 상황에서 교황이 된 우르바누스 2세는 1095년 11월 클레르몽에서 공의회를 열고 '역사적 연설'을 합니다.

"이슬람교도들이 지중해까지 세력을 확장해 우리 형제들을 공격하고, 죽이고, 납치해 노예로 삼고, 교회를 파괴하고, 파괴하지 않은 곳은 모스크(이슬람 회당)로 바꾸고 있다. 그들의 폭력을 더는 용납해서는 안 된다. 지금이야말로 그들에게 맞서 일어설 때다. 이것은 내가 명하는 것이 아니다. 주 예수 그리스도가 명하는 것이다. 출발을 미뤄서는 안 된다. 봄이 오면 곧장 주 예수 그리스도가 이끄는 대로 동방을 향한 진군을 시작한다. 신이 바라시는 성스러운 임무를 수행하기 위하여!"

교황의 연설을 들은 기독교인들은 감동했습니다. 연설이 끝나자 "신이 그것을 바라신다"는 함성이 곳곳에서 터져나왔지요. '십자군'이 탄생하는 순간입니다.

십자군을 일으킨 교황이 연설에서 밝혔듯이 당시 동로마제국은 이슬람의 위협을 받고 있었던 것이 사실입니다. 서로마제국이 멸망한 뒤 '비잔틴제국'으로 불리던 동로마제국의 군사력은 시나브로 약화되어 갑니다. 반면에 제국의 동쪽에서 이슬람 세계가 급속도로 성장해 가지요. 하지만 이슬람교도들은 교회의 주장과 달리 기독교인들을 무조건 살해하거나 노예로 삼지 않았습니다.

이슬람교를 창시한 무함마드는 632년 6월 숨을 거두지만, 이미 그의 생전에 아라비아 반도의 대부분이 이슬람교로 통일됩니다. 무함마드 이후 이슬람의 세력은 더 확대되어 갔지요. 642년에 페르시아를 멸망시키고, 이집트까지 진출합니다. 비잔틴제국의 영토는 점점 좁아졌지요.

교황 우르바누스 2세가 클레르몽 공의회에서 십자군 결성을 호소하고 있습니다.

북아프리카를 석권한 이슬람은 8세기에 이르러 지브롤터 해협[20]을 건너 서유럽의 이베리아 반도로 들어옵니다. 서고트왕국을 멸망시키지요. 다만, 프랑크왕국에 막혀 더는 전진하지 못했습니다. 이슬람 세계가 크게 넓어지면서 동서를 융합하는 새로운 문화가 형성되어 가지요.

반면에 이슬람 세력에 끊임없이 밀리기만 하던 비잔틴제국은 1090년대에 자신들을 직접적으로 위협하던 셀주크튀르크 왕조가 내부 갈등으로 약해지는 틈을 적극 이용하려고 나섭니다. 비잔틴제국 황제 알렉시우스 1세(Alexius I)는 로마 교황청에 군사적 원조를 요청합니다. 교황 우르바누스 2세는 비진틴제국 황제의 군사적 원조 요청을 '신이 바라는 성스러운 임무'라고 화답했지요.

역사가들은 교황이 비잔틴제국 황제의 요청을 적극 받아들인 것은 그의 연설처럼 '이슬람교도들'로부터 기독교 세계를 지키기 위한 것만은 아니었다고 분석합니다. 당시 우르바누스 2세는 성직자를 누가 임명하느냐를 두고 신성로마제국 황제 하인리히 4세와 갈등 관계에 있었거든요. 교황은 '십자군 전쟁'을 통해 서유럽에서 '교황권'을 정립하는 한편, 동유럽에선 비잔틴제국의 교회들까지 모두 로마 교황청 아래 흡수하려는 목적이 강했습니다.

1095년 교황은 '십자군 연설'에서 성지 예루살렘의 해방 전쟁을 '성전'이라 명명하고 참가하는 사람들에게 '신의 구원'을 약속합니다. 교황의 호소를 전하려고 곳곳에 성직자들을 파견했지요. 정규 십자군이 결성되기 전에

---

20 지브롤터 해협은 지중해와 대서양을 연결하는 해협입니다. 유럽의 에스파냐 남쪽과 아프리카 북서쪽 사이에 있으며, 길이 58킬로미터로, 마로키 곶(에스파냐)과 키레스 곶(모로코) 사이는 너비가 13킬로미터까지 좁아집니다. 유럽과 아프리카의 경계이지요. 지중해 서쪽 끝에는 흑해로 들어가는 보스포루스('여울'이라는 뜻) 해협이 있습니다. 유럽과 아시아 대륙을 잇는 해협으로 가장 가까운 곳은 750미터입니다. 터키 정부는 1973년 다리를 놓아 두 대륙을 이었습니다. 지중해는 지브롤터와 보스포루스 사이에 있는 셈이지요.

'은자'라고 불리던 피에르[21]를 비롯해 평범한 사람들이 교황의 호소에 감동받아 신의 구원을 받기 위해 예루살렘으로 떠났습니다.

하지만 그들의 뜻과 현실은 달랐지요. 대규모로 이동하면서 아무런 '군수 계획'도 없었기에 곧바로 식량이 떨어지자 십자군은 약탈을 할 수밖에 없었습니다. 그들이 거쳐가는 곳마다 현지 주민들 사이에 원성이 높아갔지요. 더구나 성지를 해방한다는 명분을 내세운 그들은 가는 길에 유대인들을 집중적으로 박해했습니다. 유대인이 예수를 십자가에 매달았다고 생각했기 때문이지요. 지역마다 부유하게 살고 있는 유대인에 대한 증오심도 박해에 한몫 거들었습니다. 그런데 그들이 정작 튀르크 군대를 만났을 때, 정규 군사훈련을 받지 못한 채 떠난 '군중 십자군'은 괴멸될 수밖에 없었지요.

정규 십자군은 1096년 여름에 5만여 명의 대군으로 출발합니다. 땅과 바다, 두 길로 떠난 십자군은 1097년 봄 콘스탄티노플에서 합류했지요. 이어 예루살렘을 공격 목표로 내려가, 길목에 있는 안티오크에서 8개월이 넘는 공방전을 벌입니다. 십자군의 인명 손실이 클 수밖에요. 더구나 유행병도 돌기 시작합니다. 안티오크 성문의 위병장을 매수해서 가까스로 함락에 성공한 십자군은 잔인한 대학살극을 벌입니다.

마침내 십자군은 예루살렘에 도착합니다. 1099년 7월 십자군이 예루살렘에 입성할 때도 참혹한 유혈극이 벌어집니다. 십자군은 여자와 아이들까지 성 안에 있는 사람들을 무차별 학살했습니다. 열광적인 신앙심에 '이교도'에 대

---

21 피에르는 '은자'라는 수식어처럼 출생도 성장 과정도 알려지지 않았습니다. 허름한 옷에 조랑말을 타고 다니던 그는 교황의 십자군 연설 이후 민중을 선동했습니다. 그의 능숙한 선동에 넘어간 농노들로 구성된 '군중 십자군'은 4만여 명에 이르렀지요. 예루살렘으로 가는 길에서 식량과 물자가 부족하자 마을을 약탈하는 만행을 저질렀습니다.

십자군과 이슬람교도의 싸움. 14세기 프랑스 책에 수록된 삽화.

한 증오심이 겹쳐 이른바 '십자군 정신'을 형성한 셈이지요.

예루살렘 해방의 목적을 달성한 십자군은 애초 비잔틴제국에 땅을 돌려주겠다는 약속을 폐기하고 작은 규모이지만 독립적인 국가들을 세웠습니다. 교회와 수도원을 지으며 유럽의 제도와 관습을 들여왔지요. 요한기사단, 템플기사단, 독일기사단[22]은 성지를 방어하는 주요 군사력이 되었고, 십자군에 참전한 영주들은 성을 거점으로 지배층을 형성했습니다. 십자군 전쟁 과정에서 수만 명이 움직였기에 상인들의 이익도 커져갔습니다. 다만, 농민들은 여전히 예속당했을 뿐 어떤 이익도 얻지 못했지요.

1차 십자군이 물러난 뒤 이슬람 세력이 전열을 정비하면서 십자군 전쟁이 이어집니다. 12세기 후반에 예루살렘이 다시 함락되자 신성로마제국 황제와 프랑스 왕, 영국 왕이 모두 십자군에 참가합니다. 그러나 예루살렘을 탈환하지는 못했지요. 1204년의 4차 십자군은 목표와 달리 엉뚱하게 비잔틴제국의 콘스탄티노플을 대대적으로 약탈했습니다. 비잔틴제국으로선 로마 교황에 구원을 요청했다가 오히려 '침략자들'을 불러들인 꼴이 되었지요. 그 뒤 8차 십자군까지 이어지며 집요하게 전쟁을 일으켰지만 모두 실패했습니다.

십자군 전쟁이 '신의 뜻'이라고 주창했던 교황의 권위는 어떻게 되었을까

22 요한, 템플, 독일 기사단은 십자군의 3대 기사단으로 불립니다. 요한기사단은 부상한 사람들을 보살펴 주는 구호단으로 시작해 전투적 기사단으로 활동하며 영지도 확보했습니다. 프랑스혁명으로 들어선 정부가 기사단 영지를 몰수했지요. 수도회의 한 분파로 현재도 활동하고 있습니다. 템플기사단은 순례 보호를 목적으로 결성한 기사단으로, 예루살렘의 솔로몬 신전을 중심으로 성지 방어의 주력부대로 활동했습니다. 부를 크게 축적했지만 14세기에 이단으로 몰려 재산을 몰수당하는 탄압을 받았습니다. 독일기사단은 튜턴 기사단으로도 불리는데, 성지를 방위하며 이교도와 싸우는 임무를 부여받았습니다. 광대한 영지를 확보했지만 종교개혁 시기에 세속 영주에게 몰수당했습니다.

23 가톨릭의 주교, 수도원장을 비롯한 성직을 임명하는 권한.

요? 1차 십자군 전쟁에선 예루살렘을 회복했기에 교황의 권위가 한껏 올라갔지요. 교황과 황제 사이에 '성직 서임권'[23]을 둘러싼 오랜 갈등에도 타협이 이뤄집니다. 교황과 신성로마제국 황제는 1122년 '보름스 협약'을 맺습니다. 성직자의 세속적인 지위와 종교적 지위를 엄격하게 구분해서 후자는 교황이 갖게 되었습니다. 그 시기까지 성직에 정치권력이 개입해 온 '관행'에 마침표를 찍은 거죠.

그런데 그 뒤 십자군의 연이은 실패는 교황의 권위를 시나브로 실추시켰습니다. 신의 이름으로 200년에 걸쳐 피비린내 나는 전쟁을 벌였음에도 끝내 이슬람 세력을 이기지 못했기에 교황에 대한 회의가 유럽 전역에 퍼져갔습니다.

십자군 전쟁에 대해서 알려주세요.

십자군 전쟁은 유럽의 기독교인이 이슬람교인을 적으로 규정하고 1095년부터 1270년까지 여덟 차례에 걸쳐 벌인 전쟁입니다.

1차 십자군(1096~1099)은 가까스로 예루살렘을 '탈환'한 뒤 잔혹한 학살극을 벌였습니다. 이어 비잔틴제국에 독립적인 예루살렘왕국을 비롯해 영주들의 나라를 세웠습니다.

하지만 이슬람 세력이 분열에서 벗어나 반격하며 에데사를 비롯해 십자군이 점령했던 지역을 하나 둘 되찾아가기 시작합니다. 유럽은 2차 십자군 전쟁(1147~1149)을 벌입니다. 프랑스 왕 루이 7세(Louis VII)와 신성로마제국의 황제 콘라트 3세(Konrad III)가 직접 지휘했지만 병사들의 대규모 이탈로 성과를 거두지 못했습니다. 2차 십자군이 물러난 뒤 이슬람권에선 전설적인 영웅 살라딘(Saladin)이 등장합니다. 살라딘의 지휘 아래 이슬람군은 예루살렘을 탈환하지요. 살라딘은 예루살렘에 들어가면서 병사들에게 학살은 물론, 약탈을 철저히 금합니다. 1차 십자군이 예루살렘을 함락할 때 저지른 잔혹함과 대조적이지요. 살라딘은 기독교인 포로들이 몸값을 치르면 석방했고, 가난한 포로는 몸값도 받지 않고 풀어주었습니다.

하지만 십자군은 예루살렘을 목표로 3차 전쟁(1189~1192)을 벌입니다. 신성로마황제 프리드리히 1세(Friedrich I), 프랑스 왕 필리프 2세(Philippe II), 영국 왕 리처드 1세(Richard I)가 앞장섰지요. 하지만 살라딘에게 패배합니다. 더구나 프리드리히 1세가 강에 빠져 죽으면서 서둘러 돌아가지요. 살라딘은 3차 십자군을 격퇴한 뒤 기독교인의 평화적 예루살렘 순례는 허용합니다.

4차 십자군(1202~1204)은 교황 인노켄티우스 3세(Innocentius III)가 선동합니다. 그런데 콘스탄티노플에 도착한 십자군은 돌연 같은 기독교 국가인 비잔틴제국을 대대적으로 약탈합니다. 교황은 예루살렘을 되찾아야 한다며 5차 십자군 전쟁(1217~1221)도 선동하지만 그 또한 실패로 끝납니다. 6차 십자군(1228~1229)은 신성로마황제 프리드리히 2세가 주도했습니다. 그는 협상을 통해 이슬람 세력으로부터 예루살렘을 양보 받는 데 성공했지요. 하지만 귀국하자마자 예루살렘에 주둔하던 십자군 사이에 내분이 일어나 다시 이슬람에 넘어갑니다.

7차 십자군(1248~1254)과 8차 십자군(1270)은 모두 프랑스 왕 루이 9세가 앞장섰습니다. 지금도 유럽의 기독교인들이 '청순한 성인 왕'으로 꼽는 루이 9세는 열병에 걸려 위독했을 때, 병에서 회복되면 반드시 십자군을 일으키리라는 서원을 했다지요. 하지만 그가 주도한 두 차례의 십자군 전쟁은 참패로 끝나고 맙니다. 7차 전쟁에서 왕 자신이 포로가 되었고 협상을 통해 풀려났지만 전쟁의 미련을 접지 못했지요. 안티오크가 이슬람에 함락됐다는 소식을 듣고 8차 십자군을 일으켰습니다. 하지만 예루살렘에 도착하기도 전에 전투에서 패해 숨을 거둡니다. 프랑스 왕의 죽음을 계기로 서유럽의 십자군 전쟁은 막을 내립니다.

이슬람에서는 십자군을 어떻게 보나요?

200년에 걸쳐 여덟 차례나 전개된 십자군 전쟁을 되돌아보면, 1차를 제외하고 모두 실패했습니다. 1차 십자군의 성공은 당시 비잔틴제국의 황제가 언급했듯이 이슬람 세계가 정치적으로 분열되어 있었기에 가능했습니다. 하지만 이슬람 세력이 통일을 이룬 뒤에는 언제나 반격을 당하는 상황이 되었지요.

십자군 전쟁은 이슬람 사람들에게 기독교를 다시 생각하게 해주었습니다. 실제로 십자군 전쟁의 가장 큰 폐해는 기독교와 이슬람교 사이에 갈등의 씨앗을 뿌린 데 있지요. 기독교인들은 십자군 전쟁을 이교도와 싸우는 '정의로운 성전'으로 보았고, 심지어 이를 '고행'으로 여겨 속죄 의식으로 삼기도 했습니다. 초기부터 십자군을 구성할 때 성직자, 수도사, 설교사가 참여했고, 그들의 '순례 호위자'로서 영주, 기사, 보병 군단이 배속되는 모양새였지요.

하지만 십자군이 이슬람 사람들을 상대로 끔찍한 살인과 약탈을 자행하면서 '종교 갈등'이 역사의 무대에 솟아납니다. 1098년 6월 3일 매수자의 손에 안티오크의 성문이 열리자마자 들이닥친 십자군은 성 안에 있는 군인은 물론, 민간인까지 마구 학살하고 약탈했습니다.

십자군 전쟁이 벌어질 때까지 이슬람 세력은 영토를 넓혀가면서도 다른 종교에 관용을 펴왔었는데요, 200여 년에 걸쳐 십자군의 공격을 받으면서 기독교에 대한 적대감이 커져갔습니다. 전쟁을 시작한 교황 우르바누스 2세가 "무엇 때문에 좁고 가난한 땅에서 기독교도들이 서로 죽고 죽이고 있느냐"며 "성경에도 나와 있지 않느냐. 젖과 꿀이 흐르는 땅으로 가서 이교도를 쳐부수고 성지를 회복하라"고 선동했을 때 이미 1000년 넘도록 지속되어 온 비극이 시작된 거죠. "땅이든 바다에서든 이교도와 싸우다 죽는다면 그 즉시 면죄되고 천국의 영광이 보장된다"는 십자군의 믿음은 이 책의 후반부에 자세히 논의하겠지만 21세기까지 이어집니다.

십자군을 일으킨 이유는 정말 '신의 뜻'이었을까요?

십자군은 첫 출발부터 '신의 뜻'을 내세웠습니다. 하지만 '명분'과 달리 정치적·경제적 이해관계가 더 결정적 요인이었다고 분석하는 학자들이 많습니다. 기독교와 이슬람교 사이의 종교전쟁이라는 양상은 분명했지만, 그것만으로 풀이할 수 없는 '물증'들이 많기 때문이지요. 십자군이 이슬람교도뿐만 아니라 같은 기독교 국가인 비잔틴제국의 기독교인을 상대로 살인과 약탈—쉽게 말하면, 멀쩡하게 잘 살고 있는 집에 들어가 온 가족을 죽이고 그 재산을 모두 뺏는 거죠—을 서슴지 않은 역사적 사실이 가장 결정적입니다.

십자군 전쟁의 이해관계는 명확합니다. 교황은 앞서 언급했듯이 신성로마제국 황제와의 갈등을 유리하게 풀어가려는 의도가 뚜렷했지요. 봉건 영주들과 기사들은 새로운 영토를 지배하고 싶은 정치적·경제적 야망이 강렬했습니다. 상인들은 경제적 이익을 얻으려는 욕망이 기대를 부풀렸지요. 전쟁이 거듭되면서 왕들 또한 기반을 강화했지요. 십자군 전쟁에 참전했다가 전사함으로써 단절된 귀족 가문의 땅이 왕에게 편입되었기에 더 그랬습니다.

이탈리아 북부의 여러 도시들도 큰 이익을 보았습니다. 대규모 군대를 멀리 보내는 과정에서 도시와 상업이 발달했지요. 십자군 전쟁 과정에서 유대인이 독과점하던 교역과 상업의 주도권도 기독교인에게 넘어갑니다. 십자군 전쟁에서 많은 유대인이 학살되거나 재산을 몰수당했지요.

결국 '신의 뜻'을 전면에 내걸고 교황이 앞장서서 200년 동안 전개한 십자군 전쟁의 '핵심 동력'은 이해관계였습니다. 교황, 영주, 기사, 상인 들은 모두 '주 예수 그리스도'를 위한 '성전'을 다짐했지만 저마다 자기 이익을 좇은 거죠. 그것은 예수가 지상에 머물 때 가장 경멸한 위선적 행태이자 악이었습니다.

6장 종교개혁과 근대사회의 태동

예수가 십자가에서 못 박혀 처형당할 때, 아우구스티누스가 로마로 진격해 오는 '야만족'의 포성을 들으며 『신의 나라』를 집필할 때, 언젠가 기독교인들이 세상을 지배하면 평화와 정의가 넘실대는 '사랑의 공동체'가 구현되리라고 기대했겠지요.

하지만 어떤가요? 기독교가 로마의 국교가 되고 그 이후 대다수 황제들이 기독교인이었을 때, 더구나 교황이 정신적 권위만이 아니라 정치적 권력마저 행사하고 있을 때, 과연 세상은 얼마나 달라졌던가요?

평화가 아니라 십자군 전쟁이, 정의가 아니라 살육과 약탈이, 사랑의 공동체가 아니라 억압적 중세가 현실로 나타났지요.

왜 그렇게 되었는가를 차분하게 톺아볼 필요가 있습니다. 과거로부터 아무것도 배우지 못할 때, 과거는 반드시 '복수'하니까요. 여기서 '복수'는 과거가 되풀이된다는 뜻이지요.

교황을 심판할 수 있는 분은 오직 신이다?

우리는 앞서 교황이 십자군 전쟁을 시작했고, 그 이유가 '신의 뜻'이나 '예수 그리스도의 영광'에 있지 않고 세속적 이해관계에 있었다는 사실을 짚어 보았습니다.

그렇다면 대체 교황은 언제부터 그랬을까요? 교황 제도 자체부터 냉철하게 분석해 볼 필요가 있습니다. 이미 살펴보았듯이 '초대 교황'은 예수의 수제자 베드로입니다. 하지만 베드로는 결코 자신을 '교황'이라고 생각하지 않았다는 데 유의해야겠지요. 지금도 '로마 교황'이라고 부르는 교황 제도의 뿌리는 초대 교회의 '감독'에 있습니다.

2세기 중엽이 지나면서 대다수 교회에 감독(또는 주교, 이후부터 '주교'로 옮김)을 두는 제도가 정착됩니다. 교회가 커져가면서 주교 위에 대주교를 두고 예루살렘, 안티오크, 알렉산드리아, 로마, 콘스탄티노플의 5대 교구가 형성되었지요. 본디 5대 교구의 대주교는 지위와 권위가 동등했습니다.

그런데 3세기 말부터 로마의 대주교가 다른 대주교들보다 위상이 높아지기 시작했지요. 기독교가 제국의 공인을 받으면서 로마 대주교의 우위성은 누구도 의심할 수 없는 상황이 됩니다. 로마 대주교는 로마 교회가 모든 교회의 모체인 동시에 세계의 모든 교회를 다스릴 권한을 지닌다고 주장했습니다. 베드로의 사도권이 로마의 대주교에게 전수되어 왔다는 논리도 이때부터 정립되어 가지요.

그런데 330년 콘스탄티누스 황제가 제국의 수도를 콘스탄티노플로 옮기면서 갈등이 불거집니다. 콘스탄티노플 교회는 당연히 로마 교회에 버금가는 지위를 가져야 옳다고 주장했습니다. 결국 381년 제1차 콘스탄티노플 회의를 통해 콘스탄티노플 대주교는 로마 대주교와 대등한 권한을 공인받게 됩니다. 로마 교회와 콘스탄티노플 교회 사이에 큰 균열이 생긴 셈이죠.

서로마제국이 무너진 뒤 로마 교회가 서유럽의 정신적 중심—아우구스티누스의 『신의 나라』가 주된 논리였지요—이 되어가면서 '교황'의 권위가 커져갑니다. 교황권 정립에 가장 적극적으로 나선 인물은 겔라시우스(Gelasius)입니다. 서유럽 교회의 최고 책임자였던 그가 동로마제국의 황제 아나스타시우스(Anastasius)에게 보낸 편지를 펼쳐볼까요.

"세계는 원칙적으로 두 세력이 통치한다. 하나는 성스러운 교황권이며, 다른 하나는 세속의 왕권이다. 둘 가운데 사제가 지닌 중요성이 훨씬 더 크다. 왜냐하면 신의 심판대 앞에서 사제는 제왕을 위하여 변호해야 하기 때문이다. 그리고 교황을 심판할 수 있는 분은 오직 신이다."

물론, 교황 제도가 진통 없이 뿌리 내린 것은 아닙니다. 오랜 논쟁을 거쳤지요. 590년에 로마 대주교 그레고리우스 1세가 최초로 '교황'의 칭호를 갖습니다. 베드로를 초대 교황으로 삼은 것도 그때입니다. 교황이 서로마제국 멸망 뒤 여러 왕조 국가에게 강력한 정치력을 행사하면서 '카노사의 굴욕'이 일어났던 사실, 세속 권력에 밀리자 다시 십자군 전쟁을 일으킨 사실을 앞서 톺아보았지요. 십자군 초기에 예루살렘을 함락했을 때 교황의 권위는 한껏 높아졌지만, 그 뒤 연이은 실패로 추락하지요.

십자군이 최종 실패한 직후 일어난 '아비뇽 유수'는 교황의 권위가 얼마나 약화될 수 있는가를 여실히 보여줍니다. 프랑스 왕이 로마 교황청을 프랑스 남부의 아비뇽으로 옮겨 자신의 지배 아래 둔 사건이지요. 당시 프랑스 왕은 필리프 4세(Philippe IV)로 마지막 십자군 전쟁에서 숨진 루이 9세의 손자입니다. 그는 교황 보니파키우스 8세(Bonifacius VIII)와 갈등을 빚자, 군사력을 바탕으로 교황을 몰아내려고 시도합니다. 결국 프랑스인 교황인 클레멘스 5세가 등장하자 아예 교황청을 아비뇽으로 옮겼지요. 교황청이 로마를 떠나 아비뇽에 머물던 70년을 '아비뇽 유수'라 합니다. 교황의 권위는 교황청이 로마로 복귀하면서 다시 살아나기 시작하죠.

아무튼 카노사의 굴욕과 아비뇽 유수, 교황의 힘이 정점에 이르렀을 때와 밑바닥에 이르렀을 때를 상징하는 두 사건 사이에서 교황은 중세 내내 막강한 권력을 행사합니다. 교황 그레고리우스 7세는 "저열한 사제도 가장 훌륭한 왕보다 인류를 위해 더 좋은 일을 한다"고 주장하며 교회의 정치 개입을 정당화했습니다.

교황의 권위는 구원을 바라는 사람들에게 절대적이었습니다. 구원을 갈망할 때 기독교와 교회, 교황의 존재가 어떤 의미가 있는가를 역사에서 확인할 수 있는 사례는 많지요. 가령 십자군 전쟁과 아비뇽 유수로 교황의 권위가 떨어졌다고 하지만, 페스트가 14세기 유럽을 휩쓸며 수천만 명의 목숨을 앗아갔을 때, 죽음에 대한 인간의 공포는 그 시대 사람들로 하여금 이미 '구원'을 팔아먹고 있던 교회와 교황에 기꺼이 머리를 조아리도록 했습니다.

교황 제도의 고갱이는 〈플로렌스 선언문〉(1438)에 잘 나타나 있습니다.

"우리는 거룩한 사도직과 로마 교황직이 모든 교회 직위에 으뜸가는 직분임을 선언한다. 로마 교황은 사도들 중의 왕자, 성 베드로의 후계이며 그리스도의 진정한 대리자이며 모든 교회의 머리이며 온 교인의 아버지요 스승이시다. 그에게 우리 주님께서 우주적인 교회를 다스리고 지배하며 먹이는 능력을 허락하시고 축복하신 품성이 있으심을 선언한다."

선언문에 나타나듯이 로마 교황은 '베드로의 후계'일 뿐만 아니라 '예수 그리스도의 진정한 대리자'였습니다. 예수가 승천한 뒤, 그 대리자라는 위상은 결코 가볍지 않지요. 교황은 단순히 정신적 권위나 종교 내부적 권력만 쥐고 있지 않았습니다. 신분을 초월해 뭇사람들의 존경을 받아온 교황은 '예수의 대리자'로서 누구의 간섭도 받지 않는 권력을 누릴 수 있었지요.

타락과 부패의 길을 걸은 교황들

지금까지 '예수의 진정한 대리자'로서 역대 교황 가운데 가장 최악으로 꼽히는 교황의 삶을 짚어보면, 우리는 역설적으로 인간의 연약함을 새삼 발견할 수 있습니다.

르네상스 시대의 로마 교황 알렉산더 6세(Alexander VI)가 된 로드리고 보르자(Rodrigo Borgia)가 그 주인공인데요. 그는 1431년 에스파냐의 카탈로니아 귀족인 보르자 가문에서 태어납니다. 탄생부터 예수의 '환경'과는 확연히 다르지요. 그는 삼촌이 1456년 교황(칼릭스투스 3세)에 오르자 로마로 갑니다.

15세기의 거의 모든 교황들이 그랬듯이 칼릭스투스 3세(Calixtus Ⅲ)도 친인척을 추기경으로 임명하는데[24] 26세 청년 로드리고도 '추대'되지요. 로드리고 추기경은 이듬해에는 발렌시아 대주교가 됩니다. 그런데 삼촌이 사망하면서 '위기'를 맞지요. 하지만 타고난 처세술로 후임 교황 피우스 2세(Pius Ⅱ)의

---

24 교황이 교황령에 속한 지역을 아들이나 조카에게 봉토로 주거나 아예 교황령에서 빼내 독립 공국으로 만들려고 한 족벌주의에는 물론 '명분'이 있었습니다. 세속주의의 흐름 속에 점점 힘이 커져가는 세속 군주들의 도전에 맞서려면 교황도 그에 상응해 강력한 중앙집권 체제를 구축해야 한다는 논리였습니다. 폐해는 말할 나위 없이 컸죠. 그렇게 임명된 추기경단이 어떤 교황을 선출할지는 불을 보듯 명확한 일이니까요. 자격 없는 교황들이 줄줄이 이어진 이유입니다.

신임을 얻어 교황청 고위직으로 일합니다. 그는 성직자이면서도 여성 편력이 심했습니다. 숱한 여성들과의 사이에 4남 1녀를 두었지요. 그럼에도 음모를 꾸미는 데 능수능란해서 1492년 추기경단을 매수한 끝에 교황 자리에 오릅니다. 교황이 된 뒤에도 문란한 사생활은 이어졌지요.

성직자였기에 공식적으로는 밝히지 않은 아들, 아니 밝히지 못한 사생아 체사레 보르자(Cesare Borgia)를 추기경으로 임명합니다. 거기서 그치지 않지요. 체사레를 앞세워 교황청 가까운 지역에 강력한 나라를 세우려고 교황의 권위를 이용해 프랑스 왕에게 도움을 요청합니다. 결국 프랑스 군이 가세한 교황청의 군대는 이탈리아 중부 지역을 정복하지요. 독립적인 나라를 세우려는 교황과 아들 체사레의 꿈은 갑작스런 교황의 병사로 물거품이 됩니다. 후임 교황이 체사레를 지원하지 않았음은 물론, 체포했기 때문이지요.

교황으로서 알렉산더 6세의 생활은 조금도 성직자답지 못했습니다. 세속적인 군주보다 더 호화로운 '궁정 생활'을 영위했지요. 성직을 매매했고, 무절제한 성적 쾌락을 추구했습니다. 바로 그 '패륜적 교황'이 다름 아닌 '이단'을 박멸한다며 '서적 검열제'를 만들었고, 실제로 피렌체의 종교개혁론자 사보나롤라(Girolamo Savonarola)를 화형에 처했습니다.

더러는 그가 문화예술을 사랑했다며 비호하기도 합니다. 당대 최고의 예술가인 미켈란젤로(Michelangelo)와 라파엘로(Raffaello)를 끌어들여 교황청을 장식한 사실을 '증거'로 들지요. 하지만 교황의 '예술 사랑'은 예술 자체에 있다기보다는 공명심이나 사치 차원으로 보는 게 옳겠지요.

알렉산더 6세가 교황이 되기 전은 물론, 교황으로 있으면서 저지른 성적 편력, 권력을 추구하고 유지하기 위해 범죄도 서슴지 않은 행태는 '예수의 대리인'으로 추앙받은 자가 얼마나 끔찍한 인간일 수 있는가를 '증언'해 줍니다.

그런데 알렉산더 6세가 교황으로 온갖 세속적 탐욕에 젖어 있을 때, 이미 시대는 전환기를 맞고 있었지요. 교황청 밖에선 '르네상스'(Renaissance)의 물결이 출렁였습니다. 르네상스가 로마를 비롯해 이탈리아 북부에서 싹튼 데에는 여러 요인이 있지요. 말뜻 그대로 '재생'인 르네상스는 중세의 신 중심주의에서 벗어나 고대 그리스와 로마의 인문주의를 다시 살려내자는 새로운 흐름이었습니다. 바로 그렇기에 고대 로마의 역사 유적이 그대로 남아 있던 곳에서 활발하게 일어났습니다. 이탈리아 북부는 십자군 전쟁을 계기로 동서를 교류하는 중심지가 되었습니다. 비잔틴제국은 물론, 이슬람 세계의 문화가 서유럽과 만나는 지점이었지요. 더구나 콘스탄티노플의 함락으로 동로마제국이 멸망한 뒤 그리스 문화를 지닌 비잔틴 계열의 학자들이 대거 들어옵니다. 교회 권력(교황)과 세속 권력(황제) 사이의 오랜 갈등으로 양쪽 모두 지쳐 있는 상태였기에 새로운 움직임이 싹틀 수 있는 여건도 충분했습니다.

더구나 경제적 요인이 변화를 끌어갔습니다. 11~12세기에 상업이 발달하면서 곳곳에서 도시가 발달하고 그 안에서 살아가는 상공인들이 '시민계급'으로 성장해 가고 있었지요. 그들은 중세의 교황 질서에 맞서 세속주의와 개인주의를 적극 옹호하기 시작했습니다. 인쇄술이 등장하면서 시민계급의 움직임은 더 탄력을 받았지요.

그럼에도 알렉산더 6세가 상징하듯 교황들은 거꾸로 타락과 부패의 길을 걸었습니다. 1440년에서 1520년까지 르네상스 시기에 교황으로 '군림'한 이들은 변화하는 시대적 흐름에 맞춰 교회를 개혁하기는커녕 오히려 자기 탐욕에서 헤어나질 못했습니다. 알렉산더 6세만 사생활이 문란했던 게 결코 아니거든요. '예수의 대리인'을 자처한 자들이 타락의 극한을 달리고 있었습니다.

교황들은 자신의 사생아나 친족에게 성직은 물론 영주 자리를 주려는 데

혈안이 되어 있었지요. 시스티나 성당을 설립한 교황 식스투스 4세(Sixtus Ⅳ)는 두 명의 조카를 추기경으로 임명합니다. 그 가운데 한 명이 나중에 교황 율리우스 2세(Julius Ⅱ)가 되지요. 뒤를 이은 교황 인노켄티우스 8세는 두 명의 사생아 결혼식을 바티칸에서 호화롭게 거행했습니다. 자신의 '사돈'이자 당대의 '재벌'인 메디치 가문의 13세 소년을 추기경으로 임명하는 '파격'을 보이기도 했죠. 그 소년이 바로 교황 레오 10세(Leo X)입니다.

레오 10세는 이미 또렷해진 르네상스 흐름에 조응해 학자, 문인, 예술가 들을 적극 후원함으로써 로마의 문화적 번영을 일궈나갔습니다. 하지만 '재벌'의 아들로 소년 시절에 이미 추기경이 된 그의 끝없는 사치 생활로 인해 교황청의 재정이 바닥나기 시작하죠. 결국 그는 성 베드로 대성당(산피에트로 대성당)을 건립한다는 명분으로 '면죄부'를 판매하기 시작합니다. 기독교 역사의 큰 획인 '종교개혁'이 이루어지는 결정적 계기가 되었지요.

루터, 종교개혁을 부르짖다

신부 마르틴 루터(Martin Luther)는 교황의 면죄부를 도저히 이해할 수 없었고 그래서 용서할 수 없었습니다.

종교개혁의 '대명사'가 된 루터는 1483년 지금의 독일 동부 지방인 작센에서 광산업으로 자수성가한 집안에서 태어납니다. 부모는 모두 부지런하고 검소했지요. 자녀 교육에도 엄격했습니다. 루터가 어린 시절에 호두 한 알을 몰래 먹다가 어머니에게 들켰을 때, 피가 나도록 맞았지요. 아버지는 어머니보다 더 엄격했답니다.

루터는 아버지의 뜻에 따라 사회적 성공을 추구합니다. 법학을 공부하지요. 하지만 그에게 일어난 사건이 인생을 송두리째 바꿉니다. 어느 날 학교 가던 길에 갑자기 장대비가 쏟아졌지요. 루터는 큰 나무 밑으로 뛰어가 비를 피했습니다. 그런데 바로 그 순간 벼락이 떨어졌지요. 루터는 진창으로 고꾸라지며 자기도 모르게 소리쳤습니다.

"저를 도우소서! 신부가 되겠습니다!"

벼락 소리를 신의 음성으로 받아들인 루터는 곧장 수도사의 길로 접어들지요. 아버지는 루터를 이해할 수 없었습니다. 루터가 신의 음성이라고 이야기한 벼락 소리는 '사탄의 소리'라고 설득했지요. 그러나 루터의 마음을 꺾지 못했습니다. 아우구스티누스 수도회의 신부가 된 루터는 자신에게 엄격한 수도사였지요. 온갖 고행을 마다하지 않았습니다. 사소한 일까지 참회하며 고해성사하는 루터에게 선배 사제는 "간통이나 살인 같은 죄다운 죄를 짓고 와서 고백해야지. 그걸 죄라고 고백하니?"라며 웃었지요.

루터는 로마를 순례하면서 또 한 번 운명이 바뀝니다. 수도회에서 벌어진 문제를 해결하기 위해 교황청을 방문했는데요. 당시 로마 순례는 수도사들에게 '꿈의 여행'이었기에 설렘이 컸습니다.

로마에 도착한 루터는 교황이 머무는 성당의 '거룩한 계단'[25]을 무릎으로 기어 올라가 주기도문을 외우며 참회했습니다. 다른 사람들이 그랬듯이 루터도 그 계단을 무릎으로 기어 올라갔습니다만, '속죄'에 대해 회의가 들었지요.

---

25 예수가 빌라도 총독에 불려갈 때 올라갔던 28개의 계단을 천사들이 완벽하게 로마로 옮겨왔다고 합니다. 계단 하나하나가 9년 동안의 속죄를 보증하는데, 특히 십자가 표시가 된 계단은 예수가 무릎을 꿇은 곳이어서 속죄 기간이 두 배로 계산됩니다.

성당에서 나와 로마를 돌아다니며 루터는 충격을 받습니다. 썩은 구린내가 진동할 정도로 부패와 타락의 현장을 실감했거든요. 특히 교황 알렉산더 6세가 사생아인 자신의 딸(루크레치아)과 근친상간의 죄를 범했다는 소문이 나돌고 있었습니다. 더구나 교황이 내놓고 족벌주의를 추구하며 일상적으로 성직을 매매한다는 사실에 루터는 절망했습니다. 교황청에서 뇌물로 성직을 얻은 사제들이 신에게 "당신은 밥줄, 영원한 밥줄입니다"라고 기도한다는 우스갯소리도 수도원 수도사들로부터 전해 들었습니다.

게다가 교황청 안팎에 상업주의가 판치고 있었습니다. 예수의 발자국, 가시면류관의 한 조각, 유다의 은화 한 닢, 모세의 '불타는 떨기나무'를 돈을 받고 보여주는 행사가 열리고 있었지요. 그 '성물'(聖物)을 관람하는 사람은 1000년 동안 연옥의 고통에서 구원받는다고 선전하는 모습도 발견했습니다.

썩은 구린내 가득한 로마를 순례하며 젊은 루터의 가슴에는 종교개혁의 불꽃이 타오르기 시작합니다. 루터는 훗날 "내 눈으로 교회의 부패를 보았고, 이와 싸울 것을 결심했다"고 그 순간을 회고했습니다.

루터의 결심에 직접 불을 지른 것은 1515년부터 시작된 수도사 테첼(Johann Tetzel)의 면죄부 판매였습니다. 당시 테첼은 '모금의 귀재'로 꼽히고 있었지요. 먼저 서커스로 사람들을 불러 모은 뒤, 면죄부의 효과를 선전했습니다.

본디 가톨릭의 면죄부는 누군가 교회에 죄를 지었을 때, 교황이 용서하며 처벌을 면해주는 것을 뜻합니다. 그런데 그 면죄부가 돈을 받고 온갖 죄를 사해 주는 증명서가 된 거죠. 교황 레오 10세는 수입을 늘리기 위해 면죄부를 대량으로 판매했습니다.

루터는 더는 참을 수 없었지요. 1517년 교회의 면죄부 판매에 대한 95개조의 논박문을 작성해 비텐베르크 교회의 문에 붙였습니다. 루터는 로마 교황을 겨냥해 용기 있게 물었습니다.

"가장 부자였던 크로이소스 왕보다 더욱 부유한 교황이 성 베드로 대성당을 자신의 돈으로 짓지 않고 가난한 신도에게 돈을 뜯어서 짓는 이유가 뭔가?"(86조)

어떤가요? 교황을 직접 겨냥한 루터의 논박문은 인쇄술의 발달에 힘입어 급속도로 퍼져갔습니다. 일파만파가 일었죠. 테첼은 루터의 글을 곧장 로마 교황청에 보고합니다. 분노한 교황은 루터를 로마로 소환하려고 나섰습니다.

그러나 루터가 머물던 작센의 선제후[26] 프리드리히가 교황에 순순히 동의하지 않았습니다. 결국 교황청은 카예탄(Cajetan) 추기경을 아우크스부르크로 보냈지요.

추기경이 루터를 심문하며 '면죄부를 승인한 교황의 권위'에 순종할 것을 강요하자, 루터는 씩씩하게 "교황보다 공의회가 더 높으며, 모든 인간은 오류를 범할 수 있기 때문에 기독교 신앙의 최종적인 권위는 교회가 아닌 성경이 가진다"라고 반박했습니다. 루터는 '독일 민족의 그리스도인 귀족을 향한 연설'에서 황제를 포함한 귀족들이 사도의 청빈과 소박함으로 되돌아감으로써 교회를 개혁해야 한다고 호소했습니다.

로마 교황청은 1520년 루터를 정죄하고 파문합니다. 그런데 한 달 뒤 루터의 공식 대응은 놀라움이었습니다. 루터는 교황청이 보낸 파문 교서의 사본과

---

26 선제후(選帝侯)는 신성로마제국에서 황제 선출에 참여하는 자격을 가진 제후(諸侯, 영주)를 뜻합니다. 6~7명의 제후들이 선출한다고 하지만 왕위 계승의 기본은 '혈통'이었지요. 선제후는 혈통에 의한 왕위 계승을 정당화하는 절차였지만, 계승자가 명확하지 않을 때는 강력한 힘을 발휘하게 됩니다. 선제후의 영토는 분할할 수 없고 반드시 장남에게 상속되었습니다. 권력 또한 국왕에 버금갔으며, 선제후에 대한 공격은 대역죄로 취급받았습니다.

교회 법전을 사람들이 보는 앞에서 공개적으로 불태웠습니다. 교황의 교서를 불살라버리면서 그것을 지켜본 사람들의 가슴에도 불을 지른 거죠.

마침내 신성로마제국의 황제가 루터를 소환합니다. 1521년 루터를 소환한 젊은 황제는 논박문을 철회하라고 요구했습니다. 루터는 황제에게 당당하게 말하지요.

"나는 우쭐거리지도 않고, 또 악의를 가지지도 않고 대답하고자 합니다. 나는 성경과 명석한 이성에 의해 유죄 평결을 받지 않는 한, 내 양심은 신의 말씀에 사로잡혀 있습니다. 나는 아무것도 철회할 수 없고 또 그럴 생각도 없습니다. 왜냐하면 양심에 반해서 행하는 것은 위험하며, 불가능하기 때문입니다. 신이여, 저를 도우소서. 아멘."

황제의 소환에 응하기 전에 '신변 안전'을 보장받았기에 안전할 수 있었지만, 황제는 칙령으로 "루터는 법에서 추방된 자"라고 선언합니다. 당시 그 말은 누군가 루터를 죽여도 된다는 의미입니다.

개신교와 프로테스탄트의 등장

위기를 맞은 루터를 다시 작센의 선제후 프리드리히가 도와줍니다. 길에서 루터를 위장 납치해 바르트부르크 성에 숨겨놓았지요.

루터가 성에 은신해 있을 때, 루터를 따르는 사람들은 인쇄술을 이용해 종교개혁 사상을 곳곳으로 퍼뜨려갔습니다. 특히 루터가 1520년에 출판한 『기독교인의 자유』가 매개체였지요. 전문이 30구절 정도인 작은 팸플릿인데요, 루터는 "오직 믿음만으로! 은총만으로! 성경만으로!"를 강조합니다.

보름스 제국의회에서 황제 카를 5세 앞에 선 루터.

물론, 그 시대에 루터만 종교개혁을 주장한 것은 아니었습니다. 루터는 개혁론자들 대다수가 교회의 일상에 집중해 성직자들의 죄를 비판하는 데 그쳤지만, 자신은 교회의 교의까지 비판했다고 당당하게 밝혔습니다.

로마 가톨릭은 사람들이 고백과 고해성사로 죄를 용서받을 수 있다고 강조했는데요. 루터에게 인간은 자신이 지은 모든 죄를 기억할 수도 없고, 심지어 인지할 수도 없는 존재입니다. 따라서 죄를 제거하려는 시도는 천연두에 걸린 환자가 부스럼의 딱지를 떼어내 병을 고치려는 어리석은 짓이라고 비유했지요. 루터는 인간성은 전체가 병들어 있다고 생각했습니다.

엄격한 금욕 생활을 하며 사소한 일까지 고해성사하던 루터가 절감한 것은 인간성의 근원적인 '죄'였습니다. 루터는 인간을 근본적으로 약하게 만들어놓고는 인간에게 저주를 퍼붓는 신의 선의에 의문을 품었지요. 그 번민은 신에게 호소하는 〈시편〉 22장을 읽으며 풀렸습니다. 루터는 인간에게 요구되는 것은 오직 믿음으로 신의 은총을 받아들이는 것이라고 깨우칩니다.

따라서 루터에게 그때까지 강력한 권한을 쥐고 있던 사제(신부)들의 의미는 약해질 수밖에 없었지요. 루터가 "모든 사람이 신을 섬기는 사제"라고 역설한 이유입니다. 루터는 사제가 빵과 포도주를 나눠주며 이를 예수의 몸과 피라고 주장하는 의식도 부정했습니다. 예수의 몸과 피는 모든 곳에 있다고 본 거죠.

당시 90퍼센트 정도가 문맹이었지만, 루터에 공감한 사람들은 사람들이 모인 자리에서 루터의 글을 낭독하며 종교개혁에 적극 동참했습니다.

종교개혁의 목소리가 유럽 전역으로 공감을 얻어갈 때 루터 신부는 파격적으로 결혼을 발표합니다. 가톨릭 사제들의 독신 생활에 정면으로 반대한 거죠. 루터는 다른 사제들에게도 결혼을 권유하며 "결혼하는 것이 신의 명령"

이라고 주장했습니다. 루터는 "만일 결혼이라는 제도가 없다면 세상은 황폐해지고, 모든 피조물은 무로 돌아가며, 신의 창조도 무의미한 것이 된다"라고 역설했지요.

어떤가요? 결혼이 '신의 명령'이라는 루터의 주장에 얼마든지 다른 견해가 있겠지요. 가톨릭 신부들은 지금도 독신 생활을 하니까요. 하지만 적어도 한 가지는 분명합니다. 당시까지 결혼하지 않은 성직자들, 특히 교황까지 사생아를 줄줄이 낳고 그들에게 성직과 땅을 물려주는 '위선'에 견주면, 루터의 결혼은 오히려 깨끗한 선택인 셈이지요.

종교개혁의 불길이 걷잡을 수 없이 서유럽 전체로 번져가자 더는 상황을 좌시할 수 없다고 판단한 신성로마제국 황제는 1529년 제국의회를 소집합니다. '루터와 그의 추종자들에게 허락했던 관용 정책'을 무효화하죠.

하지만 14개 도시와 여섯 명의 제후들이 그 결정에 이의를 제기하고 나섰습니다. 1529년 4월 19일 그들이 공동으로 발표한 항의서는 자신들이 제국의회 결정에 참여하지 않았기에 따를 수 없다고 선언합니다. 이어 신에 대한 복종과 황제에 대한 복종 가운데 어느 하나를 택할 수밖에 없다면, 신에 대한 복종을 선택하지 않을 수 없다고 밝혔지요. 문제를 진정으로 해결하려면 모든 기독교를 포괄하는 공의회나 모든 독일 민족의 총회를 열어 거기서 결정해야 옳다고 주장했습니다.

신성로마제국 황제와 교황은 항의서를 작성한 사람들을 '프로테스탄트'라고 지칭했습니다. 말 그대로 '항의하는(또는 저항하는) 사람들'이지요. 그때부터 종교개혁에 나선 사람들과 그들의 모임은 '프로테스탄티즘'(Protestantism)으로 불리기 시작합니다. 1755년에 나온 『새뮤얼 존슨 사전』은 프로테스탄트를 "종교개혁 초기에 로마 교회의 오류에 항거한 사람들을 추종하는 사람들"로 정의했습니다.

프로테스탄트의 등장으로 서방 기독교는 로마 교황을 중심으로 한 가톨릭과 개신교로 나눠집니다. 종교개혁의 열매는 단연 '개신교'의 등장이지요.

루터가 불붙인 종교개혁은 근대사회의 태동과 시기적으로 일치합니다. 실제로 프로테스탄티즘이 당시 형성되어가던 자본주의 사회의 이념적 기초를 제공했다는 분석이 있습니다.

막스 베버(Max Weber)가 사회학의 고전으로 평가받는 『프로테스탄티즘의 윤리와 자본주의 정신』에서 제시한 논점인데요. 베버는 근대사회를 열어간 시민계급이 프로테스탄티즘과 종교개혁을 적극 수용한 사실에 주목했습니다. 더구나 대표적인 프로테스탄트 국가들은 경제가 성장해 갔지만 같은 시기에 가톨릭 국가로서 세계 최강이었던 에스파냐가 경제적으로 몰락한 이유도 궁금했지요.

베버는 프로테스탄티즘이 돈을 추구하는 인간의 기본적인 욕망을 윤리적으로 적절히 통제함으로써 향락과 방탕, 낭비를 자제하고 최선을 다해 일하도록 고취했다고 보았습니다. 그렇게 해서 얻은 재산은 신앙의 진실성을 나타낸다고 주장함으로써 부의 획득을 도덕적으로 정당화했고, 그 결과 자본주의의 발전을 돕는다고 생각한 거죠.

기실 소유욕이나 금전욕, 더 많은 이익을 얻으려는 욕망은 비단 자본주의 사회만의 특성은 아닙니다. 자본주의 사회 이전 사회에서도 곳곳에 나타났지요. 관건은 이익 추구를 윤리적으로 정당화하는 것인데, 프로테스탄티즘에서 발견할 수 있다는 겁니다.

베버가 말하는 자본주의 정신에서 '돈벌이'는 자신의 물질적 생활 욕구를 충족하려는 수단이 아니라 '소명'으로서 삶의 목적입니다. 자본주의 정신의

제노바에서 목회자를 위한 콜로키움을 주재하는 칼뱅.

정립으로 비로소 이윤을 추구하는 행위가 줄기차게 이루어지게 됩니다. 프로테스탄트 윤리는 금욕적 생활에 기반을 둔 '저축 관념'으로 이어져 자본을 축적하는 데에도 유리한 작용을 하지요.

베버는 자본주의 정신의 뿌리를 16~17세기의 종교개혁과 금욕적인 프로테스탄트 윤리에서 찾으며 특히 칼뱅주의를 지목했습니다.

칼뱅(Jean Calvin)은 신앙과 은총, 성경을 강조하는 루터의 사상을 계승하면서 독자적인 사상을 발전시켰습니다. 신의 절대적 주권, 구원을 받는 사람과 멸망에 이르는 사람을 오랜 옛날부터 신이 결정해 놓았다는 예정설, 성찬에서 빵과 포도주에 예수가 현존하는 것이 아니며 오직 성령의 힘과 신앙으로 예수의 몸과 피 실체에 참여할 수 있다는 성찬론이 칼뱅 신학의 뼈대입니다. 신앙생활에서도 자신을 신의 그릇으로 인식하는 루터의 수동적 경건을 넘어서서, 자신을 신의 영광을 위한 도구로 보며 적극적 활동을 강조하죠. 루터가 국가의 권력을 영광으로 보는 반면에, 칼뱅은 세속 국가에 대해 교회의 자유를 확보했습니다. 예배에서도 미사를 폐지하고 예배를 설교 중심으로 만들었지요.

칼뱅주의에 따르면 인간의 운명은 태초부터 정해져 있으며, 부의 추구와 직업적 성공을 신의 섭리로 받아들일 때 구원이 가능합니다. 자본주의에 썩 잘 어울리는 '신앙'이지요.

신부인 루터가 수녀와 결혼한 것은 불륜 아닌가요?

1525년, 42세의 신부 루터는 자신보다 열여섯 살 어린 여성과 결혼합니다. 종교개혁의 막이 올랐지만, 대다수 사람들에게 사제는 당연히 독신으로 살아야 한다고 믿던 시절이었죠. 더구나 젊은 아내는 수녀였습니다. '신부와 수녀'의 결혼이라면, 21세기인 지금도 사람들의 눈길을 모으겠지요.

아내 카타리나 폰 보라(Katharina von Bora)는 수녀원을 '집단 탈출'한 수녀 가운데 하나였습니다. 수녀원에 청어를 정기적으로 헌납하던 사람이 청어를 가득 담고 들어가 모두 건넨 뒤 그 빈 통에 자신의 딸과 열한 명의 수녀를 숨겨서 데리고 나왔습니다. 루터는 이 일이 이집트에서 유대인들을 구출한 모세의 행위와 같다고 격찬했습니다. 수도원을 탈출하다 걸리면 사형을 면치 못했기 때문만이 아닙니다. 당시 부모들은 자신의 신앙심으로 어린 딸을 수녀원으로 보내는 일이 많았거든요. 수녀원으로 간 소녀들은 독신 서약을 합니다. 그런데 철이 들어 서약을 철회하고 싶다고 해도 받아주지 않았지요. 오히려 가두고 조롱하며 심지어 채찍질까지 했습니다.

착실하게 수녀로 커가면 되지 않느냐고 생각한다면, 단순하고 순진한 생각입니다. 중세시대의 수녀원은 '강제 노동'으로 운영됐고, 때로는 교황을 비롯해 타락한 고위 성직자들의 노리갯감이 되었습니다. 루터는 수도원의 실상을 너무나 잘 알고 있었기에 그 탈출을 모세의 노예 해방에 비유한 거죠. 물론 그 속에서도 청결한 신앙에 정진한 수녀들이 많았겠지요.

루터가 화제를 일으키며 결혼한 이유는 명백합니다. 그에게 결혼은 자신이 꿈꾼 종교개혁의 일환이었거든요. 결혼은 자신이 종교적 진리로 믿고 있는 것의 실천이었습니다. 그에게 결혼은 신이 창조한 질서를 지키는 길이고, 신의 명령이었지요. 루터 이후 개신교 목사들은 가톨릭 신부와 달리 자유롭게 결혼합니다.

부자는 정말 신의 선택을 받은 사람인가요?

사회학자 막스 베버가 분석한 칼뱅주의에 따르면 그렇습니다. 인간은 진정으로 신을 위하여 부유해지도록 노력해야 한다는 게 칼뱅주의적 부의 관념입니다. 다만, 무조건 부를 추구하는 것이 신을 위한다고는 여기지 않았습니다.

게으른 휴식이나 삶의 향락을 위해, 또는 아무 걱정 없이 안일하게 살기 위해 부를 추구하는 것은 사악하고 위험하다고 경계합니다. 반면에 신을 위한 영리 추구는 신의 명령이기에 더욱 증식되어야 한다는 거죠. 이윤 추구에 대한 칼뱅주의의 독특한 윤리는 자본주의를 주도해 나가는 기업가들의 영리 활동을 정당화해 주었음은 물론, '소명'의 차원으로 끌어올렸습니다.

직업적 성공도 독특한 의미가 있었습니다. 신 앞에서 자신을 증명하는 것은 수도원에 얼마나 있었느냐가 아니라 직업의 일상에서 나온다고 루터는 주장했지요. 칼뱅주의는 더 나아가 직업을 개개인의 뛰어난 도덕적 자질을 확인할 수 있는 징표로 보았습니다. 따라서 직업적 성공이나 실패로 한 개인이 신의 은총을 받게 될지 아닐지가 나타난다고 주장하지요. 직업적 성공은 신의 은총을 인식할 징표입니다.

따라서 부를 추구하고 경제적 이익을 얻는 일이 양심의 가책을 줄 수 없습니다. 오히려 자신의 부를 신으로부터 선택받았다는 확실한 징표로 여길 수 있었죠.

베버는 프로테스탄트들의 금욕, 절약, 계산되고 미리 계획된 행동, 수익을 다시 기업에 투자하기, 수익을 가져올 수 있는 모든 형태의 변화에 대한 개방성, 이 모든 것이 자본주의적 경제 질서를 가능하게 만들었다고 강조했습니다. 종교적 확신에서 출발한 자본주의 정신은 18세기에는 수공업 공장을, 19세기에는 기계화된 공장을, 20세기 초에는 세계적 기업을 세우는 원동력이라고 보았습니다. 베버의 논리를 따른다면, 언제나 합리적으로 계산하고 모든 생활의 영역에서 절제하며 자기 자신을 창조하는 인물들로서 '현대 기업가'를 상정할 수 있겠지요. 다만, 칼뱅주의가 자신의 삶을 향락하기 위한 부의 추구는 사악하다고 한 사실도 새겨볼 필요가 있습니다.

7장 여러 기독교, 여러 바이블

16세기 마르틴 루터가 불 지핀 종교개혁 이후 프로테스탄트인 '개신교'는 빠른 속도로 퍼져갑니다. 근대 자본주의 사회의 성장 과정과 맞물려 더 그랬지요.

개신교는 그때까지의 교회인 가톨릭과 또렷한 차별성을 드러냈습니다. 눈에 들어오는 가장 큰 차이는 가톨릭의 성직자인 신부들이 독신인 반면, 개신교의 성직자인 목사들은 거의 예외 없이 결혼한다는 사실이지요. 이미 루터 자신이 수녀 출신의 아내를 맞은 사실을 앞에서 살펴보았습니다.

한국 사회에선 흔히 기독교라면 가톨릭과 개신교만 떠올리지만 그건 사실이 아닙니다. 한국의 기독교 문화가 미국 개신교의 영향을 많이 받았기에 한국인들에겐 낯설지만 기독교는 이미 11세기에 로마 중심의 가톨릭과 콘스탄티노플 중심의 정교회로 쪼개졌습니다.

한국의 개신교인들은 '오직 하나의 신'을 강조하며 '갓'(God)을 '하나님'으로 번역해 쓰고 있습니다. 하지만 기독교는 하나가 아닙니다. '여러 기독교'가 있는 거죠. 그 말은 어떤 기독교를 믿고 있는가의 문제와 이어집니다.

여러 기독교 가운데 대체 어떤 기독교가 가장 예수의 뜻과 맞는 걸까요? 그 기독교와 여러분이 믿는 기독교는 일치할까요? 이것은 참된 신앙인에게 결코 가볍게 넘길 문제가 아니지요.

가톨릭과 정교회의 대립

　지금까지 살펴본 기독교의 역사적 전개 과정에서 우리는 삼위일체를 놓고도 많은 갈등이 불거졌고, 그 과정에서 '이단'으로 배척받은 사람들이 '새로운 교회'를 만든 사실을 알 수 있었습니다.

　그런데 교회 전체가 두 동강 나는 사건이 1054년에 일어납니다. 흔히 '대분열'(Great Schism)이라고 하지요. 적어도 그때까지는 로마제국의 국교로서 기독교는 하나였습니다. 예루살렘, 안티오크, 알렉산드리아, 로마, 콘스탄티노플의 5대 교구가 동등한 지위로 활동했지만 로마 교구가 중심이었던 사실, 330년 콘스탄티누스 황제가 제국의 수도를 콘스탄티노플로 옮기면서 콘스탄티노플이 로마와 대등한 권한을 공인받은 사실을 알아보았죠.

　서로마제국이 무너지고 로마 교회가 서유럽의 정신적 중심이 되어가면서 '교황'이라는 말이 나오기 시작합니다. 어디까지나 서유럽의 세계에 한정된 이야기였지요. 동로마제국이 아직 건재했고, 콘스탄티노플이 중심이라는 이야기가 얼마든지 나올 수 있는 상황이었습니다.

　하지만 서유럽에서 프랑크왕국이 떠오르고 신성로마제국을 형성하면서 상황은 달라집니다. 신성로마제국과 로마 교황이 갈등을 일으키면서도 공존했던 반면에, 동로마제국은 기울기 시작하죠. 콘스탄티노플의 '권위'도 타격을

콘스탄티노플 대주교를 파문하는 교황 레오 9세. 이로 인해 동서 교회의 대분열이 일어났습니다.

받습니다.

결국 교회가 동서로 분열된 뒤 서쪽 교회들은 로마 교황을 중심으로 '보편적'이라는 뜻의 '가톨릭'으로 커나갔고, 동쪽 교회들은 자신들이 '정통적' 교회라는 뜻에서 '정교회'(Orthodox Churches)로 성장해 갔습니다. 두 종교 사이의 갈등은 제4차 십자군이 동로마제국의 콘스탄티노플을 약탈하면서 돌이킬 수 없는 상황으로 접어들어 오늘까지 이르고 있습니다.[27]

한국에는 소수 교인만 있지만, 정교회는 세계 3억의 신도 수를 지닌 기독교의 3대 종파 가운데 하나입니다. 정교회의 '오소독스'(Orthodox)는 그리스어 '진리 또는 올바름'이라는 뜻의 'orthos'와 '믿음'이라는 뜻의 'doxa'의 합성어입니다. 정교회는 지역적으로나 교리로도 자신들이 기독교의 정통이며, 초대 교회의 맥을 이어왔다고 자부하지요. 실제로 5대 교구 가운데 예루살렘, 안티오크, 알렉산드리아, 콘스탄티노플 4대 교구가 정교회로 들어갔습니다.

1054년 동서 교회의 공식적 결별로 정교회는 서유럽이 주도해 나간 근대 역사에서 소외됩니다. 가톨릭 또한 자신들의 역사에서 동쪽 교회들이 지녔던 '영적·신학적 깊이'를 잃게 됩니다.[28]

콘스탄티노플 대교구는 9세기 후반부터 북동쪽의 슬라브인들 속으로 들어가 본격적으로 선교해 갔습니다, 10세기 말까지 불가리아, 세르비아, 러시아를 '교화'했지요. 하지만 동로마제국이 이슬람 세력에 멸망당하고, 4대 교구가 모두 그 세력권에 들어가면서 콘스탄티노플 대교구는 힘을 잃게 됩니다. 정교

---

27 대분열이 일어나고 900년이 더 지난 1965년에 로마 교황 바오로 6세(Paulus Ⅵ)와 아테나고라스(Athenagogas) 대주교는 1054년 동서 교회가 서로를 파문했던 결정을 동시에 무효화합니다. 하지만 이미 두 교회는 제도로 굳어져 별다른 의미를 가질 수 없었지요.

회의 중심은 러시아 교회로 옮겨가지요.

러시아의 이반 3세(Ivan Ⅲ)는 동로마제국(비잔틴제국) 마지막 황제의 조카 소피아와 결혼하고, 로마제국의 전통적 문장인 '쌍두 독수리'를 채택하면서 스스로 '황제'(차르)임을 선포했습니다. 동로마제국의 후계자로서 러시아를 '제3의 로마'라고 선언했지요. 그 뒤 정교회는 러시아와 동유럽을 중심으로 발전해 갑니다. 현재 세계적으로 러시아 정교회, 그리스 정교회, 이집트 정교회가 주류를 이루고 있는데, 각 교회별로 독자적으로 전승된 전례를 사용합니다. 러시아 정교회는 소련 해체 이후 빠르게 성장해 가고 있습니다.

가톨릭과 개신교의 대립

한편 로마 교황을 중심으로 한 가톨릭은 16세기에 교황 레오 10세 시절의 면죄부가 촉발시킨 루터의 종교개혁 운동으로 쪼개집니다. 가톨릭(천주교)과 개신교로 양분되어 현재까지 이르고 있지요.

개신교가 가톨릭의 교황을 비판한 것은 레오 10세를 비롯해 당대 교황들의

28 정교회가 영성을 중시한 모습은 여러 측면에서 발견할 수 있습니다. 현재 그리스 중부 지역에 자리한 메테오라 수도원도 그 하나인데요, 거의 수직으로 300~600미터에 이르는 기암절벽의 꼭대기에 수도원들이 세워져 지금도 찾는 이들의 감탄을 자아내고 있습니다. 유네스코 세계문화유산에 등재되어 있지요. 로마 가톨릭이 부패와 타락으로 치달을 때 정교회의 기독교인들이 청결한 신앙을 지키기 위해 세운 수도원들이지요. 한때 수도원 수만 24개였는데 지금은 16개가 남아 있습니다. '메테오라'는 그리스어로 '공중에 매달려 있다'는 뜻입니다. 평생 이곳에서 기도하며 살다 죽은 수도사들은 무덤 대신 해골을 보관하는 방이 있는데요. 해발 613미터로 가장 높은 수도원에 수백 개의 유골이 여러 단의 선반에 쌓여 있는 모습을 볼 수 있습니다. 성직자나 성도가 타락하면 수도원으로 보내 자성과 회개로 잘못을 뉘우치게 했지요. 한 개신교 목사는 그 치열한 영성이 있었기에 정교회가 분열 없이 지속되어 왔다고 분석했습니다.

부패와 타락 때문만은 아닙니다. 만일 그렇다면 올곧은 교황이 들어설 때 굳이 다른 종단으로 존재할 필요가 없겠지요.

개신교가 가톨릭에 항의(프로테스탄트)한 까닭은 네 가지로 간추릴 수 있습니다.

첫째, 교회를 다스리는 '머리'는 교황이 아니라 오직 '예수 그리스도'라고 개신교는 봅니다. 그 '명백한 근거'로 성경을 제시하지요. "신께서는 만물을 그리스도의 발아래 굴복시키시고 그분을 만물 위에 교회의 머리로 삼으셨다"(에베소서 1:22, 4:15, 골로새서 1:18, 2:10)라거나 "주님도 한 분이시오, 믿음도 하나요, 세례도 하나요, 신도 한 분"(에베소서 4:5)이라는 구절이 그것입니다.

둘째, 개신교는 예수가 베드로에게 '특권'을 주었다는 가톨릭의 설명에 동의하지 않습니다. 예수는 모든 제자들을 동등하게 대했기에 베드로에게 '우위성'을 부여하지 않았다는 거죠. 베드로만이 아니라 자신을 따르는 모든 이에게 '양들을 먹이라'는 사명을 주었다고 주장합니다.

셋째, 예수가 설령 베드로를 '수제자'로 생각했다고 하더라도, 베드로의 후계자가 로마 교황이라는 주장에는 아무런 성경적 근거는 물론, 논리적 근거가 없다고 봅니다. 실제로 로마 가톨릭과 갈라선 정교회는 자신들이 '정통 가톨릭'이라고 주장하고 있지요.

마지막으로 개신교는 교황의 무오류성을 강도 높게 비판합니다. 교황은 신이 아니라 어디까지나 인간이라는 거죠. 교황이 오류를 범할 수 없다거나 교황이 절대권을 지닌다는 설명은 옳지 않다고 봅니다. "의인은 없다. 한 사람도 없다"(로마서 3:10)는 성경 구절을 근거로 제시합니다.

개신교가 볼 때 성경적 근거가 없는 '교황 통치'는 교회가 동서로 분리된 원인이었고, 자신들의 개혁 운동 또한 그 때문입니다. 교황 통치는 교회 내부의 권력을 강화하면서 부패를 심화시켰고, 십자군을 조직해 200년에 걸쳐 전쟁을 일으켰다고 비판하지요. 더구나 사상과 학문의 자유로운 발전을 통제함으로써 중세를 '암흑기'로 몰아넣었다고 강조합니다.[29]

가톨릭은 '항의자들'(개신교)이 교회의 역사를 지나치게 매도한다고 봅니다. 교황의 부패나 타락 또한 종교개혁이 일어나던 시기의 '특수성'으로 볼 수 있는데 그 또한 과장되어 있다고 반론을 폅니다.

더구나 개신교의 등장 이후 가톨릭은 현상 유지만 해온 게 아니라 끊임없는 내부 개혁을 통해 건강한 조직을 일궈왔다고 자부하고 있습니다. 곧 자세히 논의하겠지만, 20세기에 들어와서는 '해방신학'이라는 새로운 흐름도 나타났습니다.

무엇보다 가톨릭을 비판하며 등장한 개신교가 걸어온 지난 500년의 모습은 과연 얼마나 '신의 말씀'과 일치했는가를 물을 수도 있겠지요.

로마 가톨릭은 교황권을 인정하지 않는 개신교는 교회로 볼 수 없다고 주장합니다. 교황의 수위권을 인정하지 않는 정교회는 '불완전한 교회'로 규정하지요. 1958년 교황에 취임한 요한 23세는 1962년 바티칸 공의회를 소집하고 가톨릭이 아닌 개신교인들도 '진정한 기독교인'이며, 교회 밖에도 구원이 있고, 불교를 비롯해 세계 여러 종교와 대화할 것을 공식 천명했습니다. 가톨릭

---

29 정교회는 예수가 베드로에게 권한을 주었고, 대대로 그 후계자에게 계승되어 기독교인들을 '지도'하는 권한을 준다는 로마 가톨릭의 논리를 인정합니다. 하지만 정교회는 5대 교구가 모두 동등하며, 로마 교황도 그 대주교 가운데 한 명이라고 봅니다. 대주교들 또한 '명예'일 뿐, 실질적인 통치권을 행사하거나 무오류성을 주장하는 것에 반대합니다.

30 그런데 요한 바오로 2세를 비롯한 후임 교황들은 실천에 적극적이지 않았을뿐더러 서서히 보수적으로 돌아섰습니다.

역사상 가장 큰 변화라는 평가를 받았지요.[30]

여러 기독교, 여러 바이블

결국 종교개혁 이후 21세기 현재까지 기독교 세계는 세 종단으로 성장해 왔습니다. 가톨릭(Catholic, 천주교), 정교회(Orthodox), 개신교(Protestant)입니다. 흔히 기독교 내부에선 천주교는 조직과 교리에, 정교회는 영성과 기도에, 개신교는 말씀과 실천에 강하다고 합니다. 각 종단마다 다른 특성으로 그들이 합하여 전체 기독교를 이룬다는 거죠.

다만, 좋게만 보기엔 문제가 있습니다. 세 종단도 서로 힘을 모으지 못하고 있음은 물론, 프로테스탄트들 또한 하나가 아니라 계속 분열되어 왔기 때문이지요. 이를테면 루터교, 장로교, 성공회, 감리교, 침례교, 성결교 등이 있습니다. '이단'으로 낙인찍힌 종파도 많았고, 지금도 많습니다.

따라서 기독교는 단일 종교가 아니라는 사실을 직시할 필요가 있습니다. 여러 갈래의 기독교가 있는 거죠. 기독교 가운데 무엇을 믿느냐에 따라 세상을 보는 눈은 물론, 예수를 바라보는 마음이 달라집니다.

개신교가 가톨릭에 항의하고 비판할 때 모두 성경을 근거로 한 이유는 그것이 '신의 말씀'이라는 믿음 때문인데, 그 성경 또한 하나가 아닙니다. 기독교가 단일 종교가 아니라 '여러 기독교'(또는 '기독교들')가 있듯이, 바이블 성경도 하나가 아니라 '여러 바이블'이 있습니다.

영어 '바이블'(Bible)의 어원 자체가 복수입니다. '책들'이라는 그리스어 '비블리아'(biblia) ─ '책'을 의미하는 '비블론'(biblon)의 복수형 ─ 이지요. 인쇄술은 물론, 책이 거의 없었던 시기였기에 전해오는 책들은 정말 귀했습니다.

기독교의 성전인 성경은 구약성경(Old Testament)과 신약성경(New Testament)으로 이루어집니다. '구'(舊)와 '신'(新)이라고 한 이유는 예수를 기준으로 한 것이지요. '약'(約)은 계약을 의미합니다. 인간에 대한 신의 구원을 계약, 약속으로 받아들인 거죠. 라틴어 'testamentum'의 본디 문자적 의미는 '의지'이지만, 히브리어로 '언약'을 의미하는 '브리트'(brit)의 번역어로 사용됐습니다.

그러니까 구약은 '옛 언약', 신약은 '새 언약'이 되겠지요. 구약은 모세를 중심으로 이스라엘 백성(유대인들)에게 주어진 신의 약속입니다. 신약은 예수의 복음을 통해 주어진 신의 약속입니다. 구약과 신약을 함께 '성경'이라고 부른 것은 4세기 후반이 되어서입니다.

그럼 성경은 언제 어떻게 만들어졌을까요? '신의 말씀'이니까 어느 날 어느 순간에 십계명처럼 주어진 걸까요? 전혀 아니지요. 성경은 1000년에 걸쳐 전해 내려온 기록과 이야기에서 취사선택 과정을 통해 편집된 '책들', 더 정확히 말하면 '책 묶음'입니다. 요즘 표현으로 한다면 '문집'인 셈이지요.

성경을 어떻게 받아들이든 자유이지만, 분명한 사실을 잊지는 말아야 합니다. 성경은 한 권의 단일한 또는 통일된 책이 아니라 여러 책을 모아놓은 '여러 책' 또는 '책들'(바이블)입니다. 성경에 묶인 개개의 책들은 대체로 기원전 800년에서 기원후 100년 사이에 세 가지 언어로 파피루스나 양피지에 쓰였습니다. 아람어, 히브리어, 그리스어(희랍어)입니다. 그 각각의 책을 쓴 사람 또한 한 사람일 수 없겠지요. 더러는 목동이, 더러는 왕 자신이 썼습니다.

2세기에 초기 교회의 지도자들이 비로소 그 책들을 묶는 데 나섭니다. 신의 언약과 관련된 모든 책이 묶인 것은 당연히 아니지요. 신도들에게 반드시 필요한 글들을 '엄선'했습니다. 문제는 누가 그 판단을 했느냐입니다. '신도들에게 반드시 필요한' 기준을 정한 사람은 누구인가? 성숙한 신앙인이라면 그런 질문을 던질 필요가 있겠지요.

성경이 1000년에 걸친 책들의 묶음이고, 각각의 책들은 다양한 저자가 다른 언어들로 썼으며, 초기 교회 지도자들이 회의를 통해 엄선했다는 역사적 사실들은 성경의 약점이 아니라 강점입니다. 1000년에 걸쳐 숱한 사람들의 슬기가 녹아들었다는 이야기이니까요. '천년이 빚은 책'이니만큼 내용이 풍부하고 다채롭겠지요. 그만큼 해석의 여지도 많다는 뜻이 됩니다.

구약으로 묶인 책들이 다루는 사건들의 연대는 깁니다. 1500년 넘은 유대인의 역사가 담겼습니다. 신약은 짧아 100년 남짓입니다. 예수의 삶과 가르침에 나타난 '언약'이기에 그렇습니다. 신약의 고갱이는 처음 네 권입니다. 흔히 '4복음서'라고 하죠. 이 짧은 책들의 저자는 네 명의 사도, 마태(Matthew), 마가(Mark), 누가(Luke), 요한(Johannes)입니다. 신학자들은 그들을 '기자'로 부르기도 하는데요, 일어난 사건을 기록했다는 의미이지요. 사건을 취재해서 보도하는 현대적 의미의 기자와 견주어도 크게 차이가 없습니다.

네 권의 책이 맨 앞에 놓이고 22편의 편지가 이어집니다. 기독교 초기 교구라 할 수 있는 지역에서 살아가는 기독교인에게 보내는 편지들인데, 예수의 가르침과 그것을 일상에서 실행하는 지침들이 담겨 있지요. 편지의 대부분을 쓴 사람은 바울입니다.

오늘날 성경의 탄생 과정

오랫동안 입으로 전해 내려오던 이야기들이 문자화되어 각각 독립된 책자로 돌아다니던 것을 하나의 책으로 묶고 오늘날의 성경으로 확정 짓는 과정을 있는 그대로 살펴볼 필요가 있습니다.

먼저 유대교의 학자들이 서기 90년께 히브리어 성경을 확정 지었습니다. 지금과 같은 내용으로 유대교에서 확정한 히브리어 성경(유대 경전)을 기독교 초기 지도자들은 그대로 받아들였습니다. 지금의 '구약성경'이지요.[31]

예수의 삶과 가르침을 담은 책자도 오늘날의 신약성경에 묶인 것보다 많았습니다. 예수가 처형된 뒤 40년 정도 지나 서기 70년대부터 입으로만 전해오던 이야기들과 자료들을 모아 처음 기록에 나서지요.

마가의 기록인 〈마가복음〉이 첫 작품입니다. 마태와 누가는 〈마가복음〉을 바탕으로 각각 자신들이 구한 다른 자료들을 덧붙여 서기 80년께 〈마태복음〉과 〈누가복음〉을 씁니다. 이어 100년께 〈요한복음〉이 나오지요. 그 뒤에도 적잖은 기록들—인쇄술이 없던 당시 손으로 옮겨 쓴 필사본들이지요. 옮기는 과정에서 아무리 노력해도 오탈자가 생기게 마련입니다—이 이어져 나왔습니다.

문서들을 취사선택해 '신약성경'으로 확정한 '사람'은 서기 367년 알렉산드리아의 주교 아타나시우스입니다. 황제의 지지를 받은 그는 당시까지 떠돌던 책자들 가운데 27권을 선정했지요. 그것이 지금 우리가 만나는 '신약성경'입니다.

아타나시우스가 '바이블'을 고를 때 초기 교회 공동체들이 '성경'으로 생

---

31 '역사 비평학적 접근'으로 성경을 연구하는 성경학자들에 따르면 구약의 '모세 오경'은 모세가 직접 쓴 게 아닙니다. 오경 가운데 〈신명기〉에는 모세의 죽음에 관한 기록이 나오기 때문이지요. 자신이 죽은 사건을 쓸 수는 없으니까요. 모세 오경의 내용도 서로 충돌하는 게 있습니다. 〈창세기〉의 천지창조 이야기부터 두 갈래입니다. 〈창세기〉 1장 1절에서 2장 4절까지 나오는 이야기와 2장 4절 이후에 나오는 이야기가 서로 다르니까요. 편집자가 여러 사람이 쓴 책을 '짜깁기'한 결과입니다.

각했던 많은 복음서들이 빠졌습니다. 더구나 선정한 27권 외에는 모두 폐기하라는 지시가 내렸기에 전해오기도 어려웠습니다.

그로부터 1500여 년이 지나 1945년 이집트의 나그함마디에서 한 농부가 땅속에 묻혀 있던 항아리를 발견합니다. 우연히 꺼내든 항아리 안에서 폐기된 복음서들의 사본이 나왔지요. 가장 눈길을 모은 책자가 〈도마복음〉입니다.

〈도마복음〉을 비롯해 탈락되어 폐기된 문서들은 개개인이 자기 안에 있는 신을 만나야 한다는 '깨달음'을 강조했습니다. 그러니까 기독교에서 영성을 강조하는 복음의 흐름들은 영지주의의 이단화와 367년 신약성경 확정으로 체계적으로 배제되어 왔습니다. 특히 11세기 동서 교회의 분열로 서방 교회, 곧 가톨릭과 거기서 갈라진 개신교는 모두 영성을 파고들지 못했습니다.

아타나시우스 주교의 선정을 두고 여러 논란이 이어졌지만, 세월이 흐르면서 성경의 체계는 굳어졌습니다. 더구나 그 과정에서 대다수 성직자들이 선교를 위해서는 물론, 자신들의 권위를 지키기 위해 성경을 '성령'이 쓴 '신의 말씀'으로 강조해 갔습니다. 성경에는 절대로 오류가 있을 수 없으며, 성경의 글자 하나하나에 성령이 깃들어 있다고 가르쳤지요.

물론, 성경에 성령이 임할 수도, 글자 하나하나가 모두 신의 말씀일 수도 있습니다. 하지만 적어도 역사적 사실은 그렇지 않습니다. 모두 구전되어 온 이야기를 문자화한 것이기에 '원본'은 있을 수 없지요. 원본이 있다면, 예수의 말을 녹음했을 때 가능하겠지만 불가능했던 일입니다.

그런데 원본 아닌 '원본'을 로마 가톨릭은 신의 말씀으로 이야기하며 그 해석까지 '독점'해 왔습니다. 인쇄술이 발달하지 못했기에 일반인들은 성경을 지닐 수 없었지요. 성직자가 성당에서 성경을 들고 '신의 말씀'이라고 할 때, 그대로 믿을 수밖에 없었습니다.

루터는 교황의 '성경 독점'에 반대했고 실제로 성경을 독일어로 번역했습니다. 작센의 선제후 도움으로 신분을 바꾸고 숨어 지낼 때 그리스어 신약성경을 원본으로 삼아 독일어로 옮겼지요.

각국 언어로 된 성경의 등장은 기독교 역사에 새로운 장을 엽니다. 루터 번역 이전에 성경은 거의 모두 라틴어로 쓰여 있었기에 몇몇 지배 세력(성직자와 왕족·귀족)만 읽을 수 있었거든요. 루터가 성경을 번역하며 쓴 독일어는 현대 독일의 표준어가 되었습니다. 독일 문학을 꽃피우는 데에도 루터의 번역은 큰 힘이 되었지요.

아무튼 인쇄술의 발달로 지배 세력이 아닌 사람들도 성경을 직접 읽을 수 있게 된 것은 기독교 역사의 큰 전환점입니다.

지배 세력은 성경을 각국의 말로 옮기는 걸 가로막고 나섭니다. 성경을 라틴어 이외에 다른 언어로 번역하는 걸 다름 아닌 성직자들이 금지한 것은 지금 짚어보면 어처구니없는 일이지만, 사실이었습니다. 루터가 종교개혁 운동을 벌이며 모국어인 독일어로 번역한 성경조차 종교개혁을 지지하는 지역에서만 통용될 수 있었습니다.

그래서이지요. 성경을 영어로 옮기던 윌리엄 틴데일(William Tyndale)은 비밀경찰의 집요한 추격을 피해가며 작업했습니다. 번역을 모두 마치고 인쇄를 앞두었을 때 비밀경찰이 들이닥쳐 창문을 통해 급히 도주하느라 원고의 대부분을 그들 손에 넘겨주기도 했지요. 하지만 틴데일은 성경을 거의 완벽하게 번역해 내고 끝내 체포되어 '교살 뒤 화형'을 선고받았습니다. 그런데 형 집행인의 실수로 화형 때까지 살아 있었지요. 화형을 당할 때, "주여, 영국 왕의 눈을 뜨게 하소서!"라고 부르짖습니다. 그의 번역본을 지닌 변호사, 그 성경을 가죽으로 제본한 상인까지 화형을 당합니다.

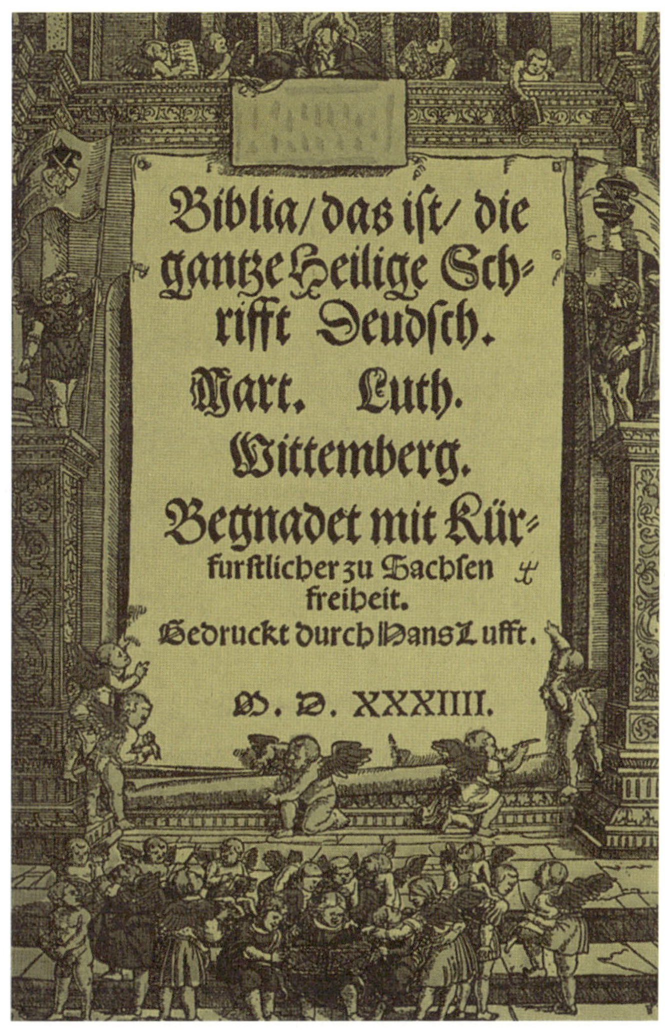

1534년에 만들어진 최초의 루터판 성경의 표지.

윌리엄 틴데일이 처형당하는 장면. 폰 폭스의 『순교사화』(1583년 판)에 실려있는 삽화.

대체 교회는 왜 그런 야만을 저질렀을까요? 당시 영국 교회는 성경을 영어로 번역하는 일은 교회의 권위를 훼손할 뿐만 아니라 라틴어 성경에 대한 모독이라고 '확신'했습니다.

하지만 그것이 전부일까요? 그렇지 않습니다. 당시 라틴어 성경은 소수의 성직자만이 읽을 수 있었지요. 심지어 영국 교회의 대다수 목회자들도 성경을 온전히 읽지 못했습니다. 성경은 교회 고위 성직자들의 입을 통해서 해석되고 유포되었지요. 더러는 자신들의 목적을 위해 성경을 왜곡해서 전달했고, 심지어 성경에 없는 말까지 덧붙이기도 했습니다. 그 목적이 무엇이었을까요? '권위'를 '무기'로 삼아 온갖 사리사욕을 채우는 데 있었지요.

성경이 영어로 번역되어 모든 사람이 그것을 읽을 때, 성직자로서 자신의 기득권이 무너질 수 있다고 우려한 거죠. 그들이 결사적으로 성경의 영어 번역을 막은 이유는 자신들의 기득권을 수호하려는 이해관계가 컸기 때문입니다. 그래서 이미 죽은 사람도 '용서'할 수 없었지요. 번역이 정확하지 못했지만 틴데일에 앞서 성경을 영어로 처음 옮긴 위클리프(John Wycliffe)는 이미 죽었는데 그냥 넘어가지 않죠. 무덤을 파헤쳐 시신을 화형에 처합니다. 남은 뼈는 갈아버리죠.

광기의 야만을 저지른 성직자들이 바로 성경을 '신의 말씀'이라 주장하며, 한 글자 한 글자가 모두 성령이 쓴 것이라고 부르댄 사람들입니다. 일반인들이 성경을 읽을 수 없도록 해놓고 자신들의 이해관계에 따라 성경을 왜곡한 바로 그들이지요. 성경에 없는 말을 성령이 쓴 '신의 말씀'이라며 설교한 바로 그들이지요.

개신교, 교파마다 다른 성경에 대한 해석

성경이 여러 나라 언어로 번역되면서 개신교의 교세는 탄력을 받습니다. 당장 루터의 종교개혁 운동은 신성로마제국의 여러 지역(오늘의 독일 전역)으로 퍼져갔고, 북쪽 – 남쪽은 로마의 영향이 강했으니까요 – 으로 옮겨가 덴마크, 스웨덴, 노르웨이 등 스칸디나비아 국가들과 에스토니아, 라트비아, 리투아니아 등 발트 해 국가들로 확산되었지요. 이어 독일인과 스칸디나비아 사람들이 미국으로 이주하면서 미국까지 이릅니다.

그런데 개신교가 교황의 존재를 인정하지 않고 성경에 근거하여 성장하면서 문제 – 보기에 따라선 그것을 '문제'로 생각하지 않을 수도 있지만, 서로 자신들만 옳다며 상대를 인정하지 않을 때는 큰 문제가 되지요 – 가 발생합니다. 개신교 안에 자신들이야말로 진정으로 '주님'을 따르고 있다는 새로운 교파들이 수없이 생겨나지요. 그들 모두 자기 교파가 성경에 근거하고 있다는 걸 강조합니다.

루터를 따르는 사람들의 루터교(Lutheran Church)에 이어 프로테스탄티즘 윤리로 널리 알려진 칼뱅을 따르는 사람들이 새로운 교파 장로교(Presbyterian Church)를 만듭니다.

장로교는 칼뱅의 신학과 신앙고백을 중심으로 만들어진 교파입니다. 교회를 주교나 감독 없이 장로(presbyter, elder)들의 의사 결정을 통해 운영하기 때문에 붙여진 이름입니다. 칼뱅 자신이 장로들을 통해 교회를 이끌었지요. 그의 가르침을 찾아 칼뱅이 머물던 제네바로 온 사람들은 프랑스, 네덜란드, 영국을 비롯해 유럽 여러 나라로 가서 교회를 세웁니다. 프랑스의 위그노(Huguenot), 영국의 청교도(Puritans)도 장로교입니다.

장로교의 교회 운영은 의회 민주주의가 그렇듯이 교인을 대표하는 장로들이 목사와 함께 회의체를 구성해 교회의 주요 정책을 결정해 나갑니다. 교인들이 투표로 장로를 선출하지요. 스코틀랜드에서는 국교(The Church of Scotland)가 되었습니다. 네덜란드와 헝가리에서는 '개혁교회'(Reformed Church)라 불립니다. 그 외 지역에서는 '장로교'라고 하지요.

영국에서도 종교개혁이 전개되어 '영국 국교회'(The Church of England, 성공회)가 나타납니다. 다만, 종교적 이유가 아니라 정치적 이유가 더 짙었지요. 당시 영국 왕 헨리 8세(Henry Ⅷ)는 왕비와의 사이에 아들이 없자 이혼하고 새 왕비를 맞으려고 합니다. 교황에게 이혼을 허락해 달라고 요청했는데 거절당하지요. 그 시점까지 교황으로부터 '믿음의 수호자'로 격찬을 받았던 헨리 8세는 분노합니다. 조금도 망설임 없이 새 왕비를 맞아들이고 로마와의 '관계'를 청산하지요. 1534년 헨리 8세는 영국 국교회를 세우고 자신이 '수장'을 겸합니다. 성직자의 결혼을 허락하는 것 외에는 교리나 예배 형식, 교회 체제에서 로마 가톨릭과 차이가 없습니다.

가톨릭은 헨리 8세의 결정에 반대합니다. 헨리 8세가 죽은 뒤, 에드워드 6세(Edward Ⅵ)를 거쳐 왕좌에 오른 메리 여왕은 가톨릭 옹호를 내걸고 '이단 박멸'에 나서지요. 성직자 300여 명을 처형해 '피의 메리'라는 별칭이 붙습니다. 하지만 그를 이어 엘리자베스 1세(Elizabeth I)가 왕위에 오르면서 로마 가톨릭 예배를 금하고 영국 국교회를 정립합니다. 한국에서는 '성공회'로 부르지요. 영국 왕이 교회의 수장이 되고, 영국 의회가 교회법을 제정합니다.

회중교(Congregational Church)는 성공회가 국왕을 수장으로 삼기 때문에 온전한 종교개혁을 이룰 수 없다고 판단한 청교도들이 1581년 로버트 브라운(Robert Browne)을 지도자로 내세워 만들었습니다. 회중교는 장로 제도에 대해서도 여러 제약을 가져온다며 비판적이었지요. 교회의 유일한 '머리'는 예수 그리스도라고 판단한 회중교는 언약으로 연합한 교인들(회중)이 자율적으로 목사를 선출하고, 성경에 근거한 신앙과 양심에 따라 믿음을 실천해 가야 옳다고 보았습니다. 이들 가운데 일부가 1620년 메이플라워호를 타고 미국으로 건너간 '필그림'(순례자)들이지요. 그들이 세운 교회가 회중교회입니다. 약 200년에 걸쳐 미국 동북부 지방에서 실질적으로 '국교'의 위상을 지녔습니다. 자신들의 목회자를 길러내기 위해 세운 대학이 하버드 대학과 예일 대학이지요.

침례교(Baptist Church)는 1608년에 영국 청교도 목사로 회중교에 기울었던 존 스미스(John Smyth)가 설립했습니다. 회중교회의 영향을 받아 모든 사람이 사제라고 강조(만인사제론)하며, 전체 교인들이 모여 의사 결정을 해야 옳다고 주장합니다. 다만, 자각적인 신앙고백에 기초한 침례를 중시하지요. '침례'(浸禮)라는 말뜻 그대로 온몸을 물에 잠그는 방법만을 세례로 인정하지요. 유아세례는 '자각적 고백'이 아니므로 인정하지 않습니다. 영국 국교회와 달리 각 교회의 독립, 교회와 국가의 분리를 주장하지요. 1639년 미국으로 건너가 로드아일랜드 침례교회를 설립한 뒤 곳곳으로 퍼져갔습니다. 현재 미국 개신교파 가운데 가장 큽니다.

감리교(Methodist Church)는 1720년대 영국에서 존 웨슬리(John Wesley) 목사가 시작합니다. 그는 성공회 신부의 열다섯째 아들이었는데요, 옥스퍼드 대학 재학 시절 동생과 함께 '신성클럽'(Holy Club)을 만들어 신을 체험하는 '방법'을 모색하지요. '회심'으로 사물을 보는 눈은 물론, 삶 자체가 바뀌는 걸 체험했습니다. 자신의 경험을 주위 사람들에게 전했지만 성공회를 떠날 뜻은 없었지요. 그런데 그를 따르는 사람들이 크게 늘어나면서 새로운 교파가 형성됩니다. 칼뱅의 예정론과 달리 감리교는 '모든 사람은 이미 구원받을 수 있는 조건을 갖추고 있으며, 구원의 과정에는 인간이 신앙을 받아들이느냐 않느냐는 자유의지가 중요하다'는 만인구원 사상을 신앙의 기초로 삼습니다. 또 사회봉사를 중시해서 사회 참여에 적극적이지요. 실제로 미국에서 소외된 노동자들 속으로 들어갔습니다.

감리교는 '감독제'를 두어 가톨릭이나 성공회, 구세군교회처럼 상부 조직이 목사들의 인사권을 비롯해 주요 결정권을 행사합니다. 당연히 교회에서 감독(bishop, 가톨릭에서는 '주교')의 권한이 크지요. 감리교는 현재 미국에서 침례교 다음으로 교단이 큽니다.

성결교(Holiness Church)는 감리교가 초기의 전통에서 벗어나고 있다고 느낀 사람들이 중심이 되어, 본디 정신을 되찾자는 뜻을 모아 설립한 교파입니다. 성결 운동에 나선 기독교인들은 미국의 감리교회가 '신학적 자유주의'에 물들었고 도시 중산층 중심이 되었다고 비판합니다. 신학적 보수주의와 빈민층에 대한 관심을 강조하지요. 성결 운동의 뼈대는 중생, 성결, 신유, 재림의 '사중복음'입니다. 중생은 구원을, 성결은 구원 이후의 거룩한 삶을 세워가는 성화의 과정이지요. 신유는 신의 은혜로 육체적 질병으로부터의 해방을, 재림은 말 그대로 예수의 재림을 뜻합니다.

구세군교회(Salvation Army Church)는 1858년 영국 감리교 목사 윌리엄 부스(William Booth)가 빈민 구제를 목적으로 창설한 교파입니다. 미국 감리교에서 나온 성결 운동이 빈민층에 대한 관심을 호소한 배경과 맥락이 같습니다. 다만, 교회를 군대식으로 조직해 운영하지요. 세계의 모든 구세군교회와 교인들이 정점에 있는 사람의 통솔을 받습니다. 사회사업을 선교의 가장 중요한 방법으로 여기지요.

지금까지 개신교 교파의 큰 줄기를 간략히 살펴보았는데요, 실제 교파는 훨씬 더 많습니다. '통합'이나 '합동'을 주장하며 그 이름을 내건 교파도 나타났지만, 그들 또한 특정한 교파에 지나지 않고, 통합과 합동의 이름으로 다시 갈라져 왔습니다. 각 나라에서 '이단'으로 규정된 '교파'도 수없이 많지요. 지금까지 개신교에 출현한 모든 교파를 소개하려면 책 수십 권으로도 부족합니다.

가톨릭, 정교회, 개신교 3대 교단과 개신교의 수많은 교파를 짚어보았으니 이제 '여러 기독교, 여러 바이블'의 의미를 실감할 수 있겠지요. 따라서 지금 여러분이 다니는 교회를 객관화해서 볼 필요가 있습니다.

개신교의 모든 교파 각각이 '오직 성경'을 강조하며 성경을 그대로 믿고 그대로 따라야 한다고 주장하지요. 문제는 교파마다 성경에 대한 해석이 다르다는 데 있습니다. 더 심각한 문제는 자기들과 다르게 성경을 해석하는 사람을 이단시하고, 자신만 '성경을 믿는 사람들'로 확신하는 데 있습니다.

루터가 성경을 강조한 까닭은 그것이 '신의 말씀'이라는 판단에서 비롯했지만, 그 신의 말씀을 해석하는 주체가 여러 교파로 갈라져왔고 ─ 지금 이 순간에도 갈라지고 있지요 ─ 그들이 읽는 성경은 저마다 해석이 다릅니다. 자신이 속한 교파를 전체 기독교의 범주에서 짚어보고 그 틀을 넘어 신의 언약과 예수 앞에 겸손하게 다가서야 옳지 않을까요.

동과 서로 교회 '대분열'이 일어난 까닭은 무엇인가요?

분열은 1054년에 일어났지만 배경에는 오랜 세월에 걸친 갈등이 있었습니다. 동과 서 두 교회는 교리와 성직자 위계에서 차이가 또렷합니다.

대표적인 교리 차이는 니케아-콘스탄티노플 신조(4장 참고)를 둘러싸고 불거졌는데요. 동쪽에서 공용하는 그리스어 문건에는 성령이 "성부인 아버지로부터 나온다"고 되어 있는데, 서쪽에서 공용하는 라틴어 문건에는 "아버지와 아들로부터 나온다"라고 되어 있습니다. 콘스탄티노플과 로마는 각각 자신의 문건이 원문이라고 주장합니다. 십자가나 마리아상과 같은 성상도 쟁점이 되었죠. 동로마제국을 압박해 온 이슬람 세력은 자신들이야말로 올바르게 신을 믿는다며 기독교인은 "십자가와 마리아상을 숭앙하는 우상숭배자들"이라고 비판했는데, 콘스탄티노플 대교구는 그런 지적을 수용해 성상을 숭배하지 못하게 했습니다. 로마는 그것을 '성상 파괴'라고 비판했지요.

성직자 위계를 둘러싼 쟁점은 로마 '교황'의 수위권입니다. 서쪽 교회는 교황은 '예수의 대리인'으로서 다른 대주교들 위에 있고, 오류를 저지르지 않으며, 교단 전체를 통솔한다고 주장했지만, 동쪽 교회는 교황은 대주교의 하나일 뿐이며, 다른 대주교들을 지휘할 수 없다고 보았지요. 로마 교회가 성직자의 결혼을 인정하지 않은 반면에 콘스탄티노플 교회는 주교급 이상의 고위 성직자를 제외하고는 혼인할 수 있도록 했습니다.

교리와 성직자 위계의 차이를 꼽습니다만, 두 교회의 결정적 분열 원인은 교구 관할의 실질적 이권이었습니다. 교회의 수입이 로마 대교구와 콘스탄티노플 대교구 가운데 누구에게 귀속되는가의 문제이지요. 가령 전도되어 창설되는 신생 교구의 관할권이 당장 쟁점이 될 수 있지요. 특히 부유한 지역의 교구를 누가 관할하느냐는 민감한 문제였지요.

이탈리아 남부 교구를 누가 관할하느냐를 놓고 갈등을 빚던 두 교회는 마침내 1054년 7월 16일 정면으로 충돌합니다. 교황을 자임한 로마 대주교가 콘스탄티노플 대주교를 파문하고, 이어 콘스탄티노플 대주교도 로마 대주교를 파문하지요. 서로를 파문한 뒤, 두 교회는 각각 제 갈 길을 갑니다.

무교회주의인 ‘퀘이커교’는 어떤 기독교인가요?

퀘이커교는 개신교 가운데 하나이지만, 무교회주의는 아닙니다. 종교사상가 함석헌이 무교회주의에 기울었다가 퀘이커교로 옮겨갔기 때문에 그런 오해가 제법 퍼져 있지만 결이 다르지요. 무교회주의는 1920년대 일본에서 우치무라 간조가 제기하고 식민지 조선에서 김교신과 함석헌이 나선 교회 혁신 운동입니다. 교회 출석이나 세례 의식보다 ‘신과의 살아 있는 교제’를 강조하지요. 신앙의 고갱이는 생활 속에서 신과의 결합인데, 교회는 그것을 하나의 기관과 조직, 교의, 예배 형식으로 대체했다고 비판합니다.

퀘이커교의 공식 명칭은 ‘종교적 친구 모임’(Religious Society of Friends)으로, 영국인 조지 폭스(George Fox)가 1646년 교회의 형식주의나 십일조에 반대하며 시작했지요. 퀘이커교도에게 종교의 핵심은 교리 체계도, ‘뾰족한 집’(교회)을 찾아 ‘직업적 성직자’의 설교나 기도를 듣는 것도 아니었습니다. ‘내면의 빛’으로 스스로 밝아지는 체험이 가장 중요하지요. 모든 인간은 그런 체험을 할 수 있는 가능성을 지니고 있기에 동등한 ‘친구’가 됩니다. 기득권 세력이 좋아할 수 없겠지요. 숱한 투옥과 박해를 받았습니다. 윌리엄 펜(William Penn)이 1681년 영국 왕으로부터 식민지 미국의 땅 일부를 ‘하사’받아 자기 이름을 딴 ‘펜실베이니아’(펜의 숲)로 퀘이커교도들이 집단 이주했지요.

목사가 따로 없이 모든 교인이 침묵 속에 앉아서 ‘내면의 빛’을 기다리는 예배를 드리고, 누군가 ‘영감’이 오면 조용히 발언함으로써 그것을 다른 이들과 나눕니다. 17세기에 이 운동이 일어났을 때 영감을 받는 사람은 그 순간 온몸이 떨렸다고 해서 ‘퀘이커’(Quaker, 떠는 사람)라는 이름을 얻었지요. 미국에서 노예제도 폐지와 평화운동에 앞장섰습니다.

퀘이커교와 무교회주의는 ‘교회’를 ‘기독교’와 동일시하는 ‘상식’에 경종을 울립니다. 그들의 교회나 모임에는 기성 교회로 상징되는 설교단, 성가대, 헌금, 목사, 장로, 집사가 없습니다. ‘교회주의’에 오염되지 않은 순수한 기독교를 추구합니다.

8장 누가 악마이고, 누가 마녀인가

성직자의 권위와 부패를 정면으로 비판한 루터. 그의 용기는 종교개혁만이 아니라 근대 민주주의 사회를 여는 데에도 큰 영향을 끼쳤습니다.

루터가 1517년 면죄부를 비판하는 격문을 쓰고 난 뒤 종교개혁의 불길은 거세게 번져갔지요. 루터가 교황과 황제의 탄압을 피해 작센 선제후가 마련해준 성에 은신하고 있을 때, 종교개혁을 이끈 사람은 칼슈타트(Andreas Karlstadt)였습니다. 그는 당시 비텐베르크 대학 교수로 루터에게 신학박사 학위를 수여한 사람이었지요.

루터의 한계를 비판한 칼슈타트와 뮌처

칼슈타트는 가톨릭에 존재하는 계급적 차이를 없애고 사회적 평등을 실현하려고 나섰습니다. 성직자가 평신도와 구별되는 옷을 입는 것부터 반대했지요. 성경의 가르침에 맞지 않는다며 제단, 성상, 성화도 모두 없앴습니다. 실제로 그는 농부들이 일상에서 입는 옷을 입고, 교회에서는 서로 '형제'라고 부르도록 했습니다.

교회에 들어오는 돈은 평신도위원회에 맡겼지요. 평신도위원회는 그 돈을 가난한 사람들을 위한 구제금, 살림살이가 어려운 집안의 처녀를 위한 '결혼 지참금'으로 분배했습니다. 성직자의 결혼도 찬성했습니다. 매매춘은 엄격히 금지했지요. 비텐베르크 시의회는 칼슈타트와 그의 동조자들이 주창한 '종교적 공동체'를 위한 법안을 통과시켰습니다.

하지만 칼슈타트의 개혁에 불안한 사람들이 있었지요. 누구보다 작센의 선제후 프리드리히가 그랬습니다. 비록 루터를 보호해 주었지만, 칼슈타트의 개혁엔 동의할 수 없었지요. 그는 시의회에 신성로마제국의 모든 지역이 교회 개혁에 동참할 때까지 아무것도 바꾸지 말라고 명령했습니다. 이어 그의 도움으로 은신해 있던 루터를 비텐베르크로 불러들입니다. '설교'에 나선 루터는 칼슈타트의 개혁을 '급진적'이라 비난하고, 사회 혼란을 불러오며 '적그리스도'가 좋아할 빌미를 준다고 공격합니다.

루터의 갑작스러운 귀환과 설교는 명백하게 정치권력(프리드리히 선제후)을 대변하는 언행이었지요. 루터는 개혁이 혼란으로 이어져서는 안 되며 자유와 질서가 존중되어야 하고, 신이 세운 정부의 도움을 받아야 한다고 역설했습니다.

칼슈타트와 그를 따르던 사람들은 루터가 지나치게 권력과 타협한다고 반박했지요. 작센의 선제후 프리드리히와 루터의 영향을 받아 시의회는 칼슈타트의 글을 금지하고, 원고를 압수했습니다. 그 과정에서 루터를 비판하는 글이 발견됩니다.

"당신은 다시 그들의 비위를 맞추고 있소. 당신은 새로운 교황으로 그들에게 수도원과 교회들을 선물로 주고 있소. 그래서 그들은 당신에게 만족하는 것이오."

루터를 비텐베르크의 '새로운 교황'이라고 비판한 글의 필자는 토마스 뮌처(Thomas Muüzer)였습니다. 뮌처의 지적은 날카롭지요. 실제로 교황과 황제의 결정에 맞선 선제후를 비롯한 영주들의 지지가 없었다면, 루터는 일찌감치 이단으로 몰려 화형을 당했을 게 분명합니다. 뮌처는 영주들이 루터를 지지 또는 보호해 준 이유를 현실적 이해관계 속에서 찾았습니다. 귀족들은 '교회 재산의 세속화'에 큰 관심이 있었죠. 루터가 영주들에게 주기로 약속한 수도원은 큰 유혹이었습니다.

루터에 비하면 역사 속에 묻혀 있지만, 뮌처는 루터와 같은 시대를 호흡했던 종교개혁자입니다. 뮌처와 루터 모두 독일 작센 출신이지요. 루터보다 일곱 살 아래인 뮌처는 대학에서 신학을 배운 뒤 신부가 되어 고등학생을 가르칠 때부터 면죄부를 비판했습니다. 루터가 면죄부를 공개 비판하기 전이지요. 루터가 격문을 썼을 때 그는 뜨겁게 지지했고 루터와도 만났습니다. 뮌처는 상류층과 중산층 지역이 아닌 곳에서 신부로 일하며 노동자, 수공업자, 광부 들이 얼마나 비참한 삶을 살아가며 고통받고 있는지를 발견하게 됩니다. 그곳에서 종교개혁 성향을 띤 '예언자들'도 만나지요. 그들 가운데 니콜라우스 스토르히(Nikolaus Storch)는 정치권력자와 성직자들을 다음과 같이 신랄하게 비판했습니다.

"만약 모든 사람이 (신 앞에) 똑같고 평등한 위치라면, 또한 모든 것이 공동의 필요에 따라 사용되고 쥐새끼 같은 왕을 더는 섬기지 않아도 된다면 얼마나 좋겠는가? 색욕에 가득 차고 나쁜 성직자들과 뚱뚱한 호색가들은 없어져야 한다."

과도한 욕설이라고 판단할 수도 있겠지만, 당시 교황과 고위 성직자들의 호색, 왕의 탐욕을 아무런 권리도 없던 사람들이 어떻게 보았을까를 헤아릴 필요가 있습니다. 뮌처는 민중이 살아가는 삶의 현실을 체험하며 신학자로서 관심을 기울여온 신비주의나 문자주의적 성경 공부와 결별합니다.

중산층을 중심에 놓고 '훌륭한 삶'을 설교하는 교회에서 벗어나 예수의 고난과 성령 체험을 강조해 가지요. 그 결과입니다. 뮌처는 교회 성직에서 해임됩니다. 이어 종교개혁가 얀 후스(Jan Hus)[32]의 고향인 프라하로 건너가지요. 그곳에서 설교하며 〈프라하 선언〉을 씁니다. 그는 루터의 '문자적 믿음'은 성령과의 만남이 없을 때 현학적이게 되고, 더 나아가 기만적으로 변질될 수 있다고 판단해 '영적 믿음'을 내세웁니다.

민중 대다수가 문맹인 당시 현실을 직시한 뮌처는 기독교 성직자들이 성경에서 증언되고 있는 '가난한 민중의 살아 있는 목소리'를 차단하고 심지어 은폐했다고 비판했습니다. '차갑고, 죽은 문자'만을 제공하는 성직자들은 뮌처에게 '신의 말씀을 이웃의 입에서 훔친 도둑이요, 강도'였습니다.

〈프라하 선언〉에서 뮌처는 세 무리를 비판합니다. 성경을 은폐하는 성직자들, 민중을 착취하며 살아가는 영주들, 죽은 지식을 대변하는 '멍청한 신학 박사들'입니다.

---

32 얀 후스는 신학자로 14세기 유럽 굴지의 대학인 프라하 대학의 총장이었습니다. 후스는 당시 가톨릭교회가 '예수 그리스도의 참된 교회' 모습과 큰 거리가 있다고 생각했지요. 교황권은 성경에서 근거를 찾을 수 없다고 주장합니다. 1414년 가톨릭교회의 종교회의가 열렸을 때, 교회 개혁을 설득할 마음으로 참석했지요. 하지만 곧바로 체포되어 모든 주장을 철회하라고 강요당했지요. 후스는 성경에 근거해서 자신의 주장이 잘못되었다는 것을 지적해 주지 않는 한 생각을 바꿀 수 없다고 맞섰습니다. 로마 교회는 결국 후스를 '이단자'로 정죄하고 화형에 처했습니다. 프라하 대학은 총장의 죽음을 '순교자'의 죽음으로 선포했고, 그는 국민적 영웅이 되었습니다. 오늘날도 체코인들이 가장 추앙하는 인물이지요. "주님의 진리가 승리하리라!"라는 그의 말은 현재 체코공화국의 공식 표어입니다.

뮌처는 〈프라하 선언〉을 발표한 뒤 다시 고향으로 돌아옵니다. 알슈테트의 요한 교회에서 사제로 일하며 '독일어 성경'을 바탕으로 예배를 보기 시작하죠. 독일어 예배는 루터보다 3년이나 앞선 시도입니다. 독일어로 예배한 목적은 가난한 신도들에게 성경의 말씀을 직접 들려줌으로써 그들이 신과 만나도록 하자는 데 있었죠.

자유롭고 평등한 '신의 나라'를 갈망한 농민들

당시 종교개혁 운동에 영주와 농민들 모두 공감했지만, 그 이유는 서로 달랐습니다. 영주들은 수도원을 비롯해 로마 교황청이 관할하고 있던 '부동산'이 탐났지만, 농민들은 새로운 기독교 세상을 기대했습니다.

루터가 "인간은 누구나 신 앞에 평등하며 모든 사람이 사제"라고 주장했을 때, 농민들은 박수를 치며 환호했습니다. 더구나 루터가 농민의 요구를 무시해 온 영주들과 고리대금을 즐겨온 자본가들을 비판했을 때, 루터의 명성은 절정에 이르렀지요. 당시 농민들은 종교와 정치권력의 결탁 아래서 힘겨운 노동과 과도한 세금에 시달리고 있었습니다. 교회에 의무적으로 내야 했던 십일조는 세금이나 마찬가지였지요.

마침내 1524년 6월 남부 독일에서 농민들이 들고일어납니다. 백작 부인이 연회에 쓴다며 영지 농민들에게 딸기와 달팽이 껍데기를 모아 오라고 지시했는데, 농민 다수가 이를 거부하면서 갈등이 전면에 나타났지요. 한스 뮐러라는 평범한 농민이 주도한 봉기는 곧 영주와 귀족들에 대항하는 농민전쟁으로 발전했습니다. 농민들의 봉기는 마른 광야를 태우듯이 퍼져가 그해 말 지금 독일 지역의 3분의 1이 농민 수중에 들어갑니다.

루터가 농민들의 요구에 동의하지 않을 때부터 뮌처는 루터를 비판하기 시작했습니다. 루터가 민중과 함께 걸어간 예수의 고난과 십자가는 강조하지 않은 채 '반쪽'만 가르친다는 게 핵심 논리였지요. 뮌처의 설교에 대한 '소문'이 퍼져가면서 영주들은 직접 확인에 나섭니다. 1524년 7월 영주들을 앞에 놓고 설교한 뮌처는 조금도 굽힘이 없었습니다. 신의 복음을 민중을 위해 실천하지 않으면 신이 "그들에게서 칼을 빼앗아 성난 백성들에게 줄 것이고, 신을 모르는 자들은 파멸할 것"이라고 선언했습니다. 영주들은 뮌처의 설교에 위협을 느끼고, 뮌처에게 법정에 출두하라고 요구합니다.

뮌처는 다시 도피해 뮐하우젠으로 몸을 숨기지요. 곧이어 그곳에서 농민 봉기가 일어납니다. 뮌처가 주동했다는 설도 있습니다. 실제로 뮌처는 기드온[33]의 칼을 들어 저 경건치 못한 자들에 맞서라고 호소했지요.

1525년 뮐하우젠 근처 프랑켄하우젠에서 농민들과 영주들 사이에 운명을 가르는 결전이 벌어집니다. 뮌처는 직접 농민을 이끌었습니다. 하지만 수적으로도 압도적일 뿐만 아니라 조직된 영주들의 군대를 농민들이 이길 순 없었지요. 농민들이 패하면서, 뮌처도 사로잡혔습니다. 가혹한 고문을 당하면서도 그는 "영주이든 백작이든 귀족이든 (신 앞에) 만인은 평등하다는 원리를 행하고자 하지 않는 사람은 누구나 그 목을 치거나 교수대에 매달아야 한다"고 당차게 주장하지요.

---

[33] 기드온(Gideon)은 구약성경에 나오는 인물입니다. 므나쎄족 출신 300명의 정병을 이끌고 미디안인의 대군을 맞아 크게 이겨 이스라엘을 구하지요(사사기 6:11~8:32). 기드온은 '베어 쓰러뜨리다'는 뜻입니다. 용감한 장군을 상징하기도 하지요.

군인들에게 무참히 학살당하는 농민.

뮌처의 꿈은 선명했습니다. 모든 사람이 자유롭고 평등한 '신의 나라'였지요. 뮌처는 농민전쟁이 신의 나라로 가는 시작이라고 판단했습니다. 인간 영혼의 심연에 직접 호소하는 성령의 말에 귀 기울여 따르고, 이기적·현세적인 욕망 추구를 벗어나 만인평등의 생활을 실현하는 것이 '예수 그리스도에 속하는 사람들'의 사명이라고 역설했지요. 뮌처는 자신이 살고 있는 시대는 마침내 '악마에 속하는 자'의 지배가 타도되고 신의 정의가 실현되는 시기, 모든 것이 공유되고 개개인은 필요에 따라 사용하는 '천년왕국'을 실현할 시기라고 역설했습니다. 가난한 농민, 도시 평민 들에게 봉기를 호소한 이유입니다.

뮌처는 참혹한 고문을 당한 끝에 1525년 5월 27일 53명의 동료들과 함께 참수당합니다. 그해 농민전쟁에서 죽은 농민은 10만 명에 이릅니다.

루터는 뮌처와 정반대쪽에 섰습니다. '강도와 도적 같은 폭동에 반대하여'라는 제목으로 직접 글을 쓰고 발표합니다. 루터는 농민들이 소요를 일으킴으로써 '정부에 대한 복종의 의무'를 어겼고, 강도와 도적질로 공공의 질서와 평화를 파괴했으며, 자신의 요구를 정당화하려고 성경의 복음을 끼워 맞춰 "신을 비방하는 죄"를 범했다고 몰아세웠습니다. 이어 '공권력'을 가진 정부는 농민들의 '폭동'에 모든 수단을 다 동원하라며 "미친개를 죽이듯 목을 졸라 죽이고, 찔러 죽이라"는 살벌한 표현까지 서슴지 않았지요.

루터는 "반란을 일으키는 인간보다 더 유독하고 해로운 악마는 없다"고 주장했습니다. 성직자가 부과한 십일조 세금[34]과 권력자의 억압에 맞서 봉기를 일으킨 농민은 루터에게 '악마'였습니다. 심지어 "지금 지옥은 텅 비었다. 지옥의 악마들이 모두 폭도로 변한 농민 속으로 들어갔기 때문이다"라고 설명했지요.

어떤가요? 종교개혁가 루터의 말이라고 믿기엔 너무 섬뜩하지요? 하지만 엄연한 사실입니다. 더구나 오늘날의 기독교 내부, 특히 개신교에선 루터의 선택을 적극 옹호하는 흐름이 주류입니다. 루터로서는 종교개혁이 채 꽃을 피우기도 전에 싹부터 잘리는 상황을 용납할 수 없었다고 보는 거죠. 루터가 로마가톨릭이라는 '거대한 적'과 상대하기도 힘겨운 상황에서 자신에게 우호적인 영주(제후)들을 적으로 돌릴 수 없었다는 겁니다. 루터를 지지하는 사람들도 농민전쟁으로 루터와 농민들 사이에 '거리'가 벌어지고 종교개혁이 제후들 중심으로 전개되어 간 사실을 인정합니다. 다만, 그렇다고 종교개혁 운동이 대중성을 상실했다고 볼 수는 없다는 거죠.

그런데 당시 농민들의 요구는 민주주의 기준에서 볼 때 '급진적'이기보다는 상식적 수준이었고, '교회 개혁'이 대부분이었습니다. 십일조도 모두 부정한 게 아니라 가축에 대해서만 내지 않겠다는 정도로 소박했지요. 그들은 영주나 성직자와 대화를 통해 문제를 풀고 싶어 했지만 철저히 외면당했을 뿐만 아니라 생존권마저 위협받았습니다. 봉기가 일어난 이유이지요.

오랜 세월에 걸쳐 영주와 성직자에게 억압받아 왔던 농민들이 자신을 새롭게 발견하도록 결정적 계기를 마련해 준 사람이 바로 루터였습니다. '만인 제사장'을 주장한 루터가 "신이 보기에는 가톨릭의 교황이나 밭을 가는 농부

---

34 십일조는 중세 유럽의 교회에서 고대 유대교도에게 수입의 10분의 1을 야훼에게 바칠 것을 명한 구약성경의 율법에서 비롯됐습니다. 제사에 참여하는 유대인들은 생활 형편에 따라 빵과 포도주를 들고 와서 나누어 먹는 정도였는데요. 초기 기독교에서는 교인들이 신에게 자발적으로 즐겨 바치는 경건한 신앙 행위였습니다. 하지만 기독교가 로마제국의 국교가 된 뒤 성격이 '변질'되기 시작해 6세기 이후 교회는 교인들에게 이를 강요합니다. 8세기에는 아예 의무화했지요. 교구민들로부터 수입의 10분의 1을 징수하는 세금이 되었습니다. 10분의 1세, 10분의 1교구세로 불렸지요. 작은 교구의 사제도 자신의 생활과 교회 관리·유지를 명분으로 곡물·포도주·가축·채소·개간지에 십일조를 부과했습니다. 민중들로부터 비판의 대상이 되어 1789년 프랑스대혁명 과정에서 공식적으로는 폐지되었지요.

나 모두 같다"고 설파했을 때, 농민들은 귀를 의심할 정도였지요. 루터의 설교를 통해 자기도 권리가 있다는 자각이 싹트기 시작했습니다. 그들은 마지막 순간까지 루터를 믿었지요.

하지만 루터는 그들을 "지옥에서 온 악마들"로 규정하며 영주들에게 "미친개를 죽이듯 목을 졸라 죽이고, 찔러 죽이라"고 선동하고 다녔습니다.

뮌처와 그를 따르던 농민들과 빈민들이, 아니 '악마들'이 대량 학살당했던 바로 그 시점에 루터 신부는 결혼합니다. 과연 그는 수녀였던 아내 폰 보라와 행복했을까요? 아내를 두고 "프랑스나 베네치아를 줘도 바꾸지 않겠다"고 공공연히 말할 정도였다면 그랬다고 보아야겠지요.

신의 이름으로 자행한 악마와 마녀사냥

신의 이름으로 학살당한 것은 '악마'만이 아닙니다. 그 이름으로 숱한 마녀가 화형당했습니다. 그렇다고 '악마'와 '마녀'들 사이에 무슨 연관성이 있었던 것은 결코 아닙니다. '마녀'는 농민전쟁과 전혀 무관한 여성들이었지요.

마녀사냥은 종교개혁 직후인 16세기 말과 17세기에 '전성기'를 맞습니다. 루터에게 '악마'로 몰린 신성로마제국의 농민 10만여 명이 학살당한 시대와 겹칩니다.

본디 '이교도'를 심판하기 위해 조직된 종교재판소가 마녀사냥의 주체로 나섰지요. 종교재판소는 악마를 추종하는 마녀가 공동체를 파괴하고 있다며 '색출'해서 화형에 처하겠다고 선포하고 실제로 '혈안'이 됩니다.

왜 종교개혁 직후에 마녀사냥이 '극성'했을까요? 역사적 뿌리를 파고들면

〈최후의 심판〉(조르조 바사리) 세부. 사탄 루시퍼의 모습.

저절로 이해할 수 있습니다. 유럽 역사에서 마녀[35]가 처음 '사냥감'이 된 것은 십자군 전쟁이 참담하게 끝난 직후입니다. 로마 대주교인 교황의 주도로 전개된 십자군이 실패한 뒤, 가톨릭교회는 종교적 위기를 넘어서기 위해 '이단적 신앙'에 공격을 시작합니다. 마녀사냥의 출발점이지요.

십자군 전쟁 뒤 사냥이 '개막'될 당시 마녀는 '예수 그리스도에 대한 믿음을 버리고 악마와 계약을 맺어 그를 섬기는 대가로 마술을 전수받아 공중을 날아다니는 자'로 규정되었습니다. 마녀는 그들만의 집회에 참석해 악마와 '교접'을 하기에 몸에서 악마의 손톱자국을 발견할 수 있다는 말도 유포되었지요.

누가 '마녀 같다'는 소문이 나거나, 아니면 밀고만으로도 피의자는 전격 체포되었습니다. 마녀를 체포한 뒤 가혹한 고문을 가했지요. 자백을 받아내겠다는 명분을 내세웠고, 당사자가 극한적인 고통에서 잠깐이라도 벗어나기 위해 '마녀'라고 자백하면 고문의 정당성을 확신했습니다.

마녀인지 아닌지 '판정'을 하겠다며 내놓은 방법들은 참으로 황당합니다. 깊은 강물에 던지는 '실험'도 했지요. 몸이 가라앉으면 무죄이고, 떠오르면 유죄라는 건데요. 던진 사람은 그것으로 '감별'한다고 했지만, 던져진 사람은 어느 쪽이든 목숨을 잃을 수밖에요.

여성을 체포한 뒤 악마의 흔적을 찾아낸다며 벌거벗긴 뒤 온몸을 샅샅이 '조사'하는 종교재판관들을 떠올려보기 바랍니다. 몸에 바늘을 찔러 마녀를 '감별'하기도 했는데요. 바늘로 찔러도 아프지 않거나 피가 나지 않으면, 그

---

35 마녀로 화형당한 사람이 모두 여성은 아니었습니다. 이따금 마녀에 대응하는 남성이 올가미에 걸렸는데, 그들은 '마법사'라고 불렸지요. 하지만 수적으로는 여성이 압도적이었고, 유럽어에서 '마녀'는 양성을 대표합니다.

것만으로 마녀로 단정해 화형에 처했지요. 그런데 바늘로 찔러 피 안 나는 사람이 있을까요? 없지요. 그렇지만 있었습니다. 바늘을 몸에 찌르면 바늘 끝이 뒤로 밀려나는 장치를 고안했거든요. 그렇게 찔러도 피가 나지 않는다는 걸 사람들에게 확인시킨 뒤 마녀로 확정한 거죠.

왜 그런 짓을 했을까요? 처형된 마녀가 지니고 있던 재산을 몰수할 수 있었기 때문입니다. 영주와 주교, 이단 심문관들이 그 재산을 배분해 착복했거든요. 그러니까 마녀사냥은 영주와 주교 모두에게 큰 경제적 이익을 가져다주는 '장사'였고 '사업'이었습니다. 마녀사냥으로 부를 축적해 간 자들의 '경제적 합리성'은 사뭇 뛰어났지요. 체포하여 처형할 때까지 모든 비용을 마녀에게 물렸거든요. 설령 마녀로 판정나지 않더라도 손해를 볼 게 전혀 없었습니다. 사냥당한 여성에게는 평화롭게 신앙생활을 하던 가운데 떨어진 '날벼락'이었지만, 사냥하는 성직자와 권력자에게는 '돈벼락'이었지요.

구체적 실례를 짚어보면 종교재판의 야만성을 새삼 절감할 수 있습니다. 1582년 바이에른 어느 백작의 작은 영지에서 '마녀'가 체포됩니다. 그 마녀의 '자백'을 받아 줄줄이 48명이 마녀로 낙인찍혀 화형당하지요. 1587년 도릴 지역의 200여 마을에선 1587년부터 7년 동안 368명의 마녀가 불에 타 죽었습니다.

주교의 영지(승정령)에서도 죽음의 불은 타오릅니다. 소소크만텔 승정령에서 1639년에 2428명이 화형당합니다. 반베르크 승정령에서도 1627년 이후 4년간 '마녀' 285명이 처형당하지요. 이 승정령의 전체 인구가 10만 명이 안 되었는데, 그 뒤에도 30년에 걸쳐 종교재판소에 계류된 마녀는 900명이 넘었습니다. 뷰르스부르크 승정령에서도 1623~1631년에 900명이 화형당합니다. 희생당한 마녀들을 살펴보면, 고급 관리나 시의회 의원의 부인, '지역에서 가장 아름다운 자매'도 보입니다. 후루다 지역의 마녀 재판관 바루다세르 후스는 19년 동안 700명의 마녀를 불살라 살해했지요. 자신의 일생 동안 1000명 처형을 '소망'했다고 합니다. 그 '살인의 소망'을 신 앞에서 날마다 기도했겠지요. 로트링겐의 니콜라스 레미는 15년 동안 900명을 죽였습니다. 참으로 엽기적입니다.

마녀사냥의 미친바람이 종교개혁 이후에 '전성기'를 맞은 이유는 크게 두 가지로 짚을 수 있습니다.

첫째, 종교개혁으로 분열된 기독교의 위기 상황입니다. 애초 마녀사냥이 십자군 전쟁 직후 실추된 교권을 다시 세우려는 의도에서 시작했던 사실과 같은 맥락이지요. 마녀사냥은 가톨릭이든 개신교든 성직자들이 기득권을 챙기면서 평신도들의 종교적 회의나 번뇌를 해결해 주는 '비상구'였습니다.

둘째, 중세 사회의 위기입니다. 엄격한 신분제와 토지에 기반을 둔 중세 사회 곳곳에 균열이 일어나던 시기였지요. 자본주의 체제가 중세 사회를 흔들며 형성되어 갔으니까요. 농촌 사회가 분열되면서 개개인의 관계 또한 파국으로 치닫고 있었습니다. 농민들은 그들에게 끝없이 이어지는 불행과 고통을 쉽게 설명해 주는 '논리'를 찾고 있었지요. '불순한 사람'인 마녀가 그들 앞에 '해답'으로 제시되자 이를 적극 받아들인 셈입니다. 마녀가 악마와 계약해서 빗자루를 타고 다니며 질병, 악천후, 흉작을 가져왔다고 '홍보'되었으니까요.

18세기에 접어들면서 마녀사냥의 야만은 시나브로 사라집니다. 계몽주의의 영향으로 이성적 세계관이 퍼져가면서 옳고 그름을 판단할 수 있는 사람이 늘어났기 때문이지요.

유럽에서 수백 년 지속된 마녀사냥은 당대의 성직자와 정치권력이 기득권을 지키려는 '공동 전략'이었습니다. 지배 세력은 마녀사냥을 통해 밑에서 올라오는 농민들의 불만을 '대리 해소'시킬 수 있었고, 동시에 마녀들의 재산까지 착복하는 '일거양득'을 300~400년 동안 누렸습니다. 정말이지 마녀는, 악마는 과연 누구였을까요?

돌이켜보면 신 앞에 평등한 세상을 요구하는 농민들을 종교개혁가 루터가 '지옥에서 온 악마들'로 규정해 대량 학살을 정당화한 사실, 흔들리는 지배체제를 유지하기 위해 성직자들이 마녀사냥에 앞장서 온 사실은 용서할 수 없는 죄악이지요. 다시 강조하지만, 만일 예수가 자신의 이름으로 그런 야만이 벌어진 사실을 알았다면 어떤 생각에 잠겼을까 성찰해 볼 필요가 있습니다.

종교개혁을 환호한 농민들은 무엇을 요구했나요?

루터의 종교개혁에 환호한 농민운동의 주도자들은 1525년 2월 자신들의 요구를 12개 조항으로 압축해 발표합니다.

① 목사는 교인들이 선택한다. ② 가축의 십일조 제도를 폐지하고, 곡물의 십일조는 목사와 다른 공동체를 위해 사용한다. ③ 복음 정신과 기독교인의 자유사상에 배치되는 농노제도는 폐지한다. ④ 농노는 그리스도에 의해 구속된 자유인들이므로, 더는 누구의 소유물이 아니다. ⑤ 귀족들이 약탈해 간 수렵권, 어획권, 벌목권 등을 농민들에게 되돌리도록 법을 개정한다. ⑥ 과도한 세금 제도는 폐지한다. ⑦ 농노에게 부과한 강제 노역을 폐지하고 정당한 보수를 지불한다. ⑧ 과도한 소작료는 폐지한다. ⑨ 귀족들에 의한 새로운 법 제정을 반대하며, 공정한 법의 집행과 성문화된 국가법이 필요하다. ⑩ 영주들이 돈을 지불하지 않고 소유한 모든 공유지는 영주와 농민이 공동으로 소유한다. ⑪ 과부와 고아를 불의하게 억압하는 상속세와 사망세는 폐지한다. ⑫ 위의 요구 가운데 신의 말씀에 저촉되는 것은 무엇이든지 철회한다.

농민들은 자신들이 제시한 12개의 요구 사항은 루터가 주창한 복음과 일치한다고 판단했습니다. 따라서 대화를 통해 얼마든지 문제를 풀어갈 수 있다고 기대했지요. 루터는 급진적이라고 비판했지만 농민들은 자신들의 주장이 결코 '급진'이 아니라 판단했고, 대화를 통해 '협상'하겠다는 뜻도 밝혔습니다.

하지만 왕족, 귀족, 성직자 들은 농민들의 요구를 들어줄 뜻이 전혀 없었지요. '소탕 작전'에 나섭니다. 뮌처는 전쟁이 벌어지기 직전까지 루터에게 가난하고 억압받는 사람들 쪽에 서라고 호소했습니다. 그것이 진정한 '복음'이요, 신의 말씀을 실천하는 길이라고 강조했지요. 루터는 끝내 합류하지 않았습니다. 같은 시대를 살았던 두 종교개혁가 루터와 뮌처의 길이 갈라지는 순간이었죠.

마녀사냥은 권위적인 가톨릭의 범죄인가요?

꼭 그런 것은 아닙니다. 마녀사냥에는 가톨릭은 물론, 개신교도 적극 나섰습니다. 유럽을 광란으로 몰아간 마녀사냥은 대서양을 건너가 미국 개신교에서도 퍼져갔지요.

미국이 아직 영국의 식민지였던 1692년에 매사추세츠의 작은 마을 세일럼이 사냥의 무대였습니다. 마을 목사 패리스의 아홉 살짜리 딸 베티와 열한 살짜리 조카 애비게일이 경련과 호흡 곤란을 일으키고 몸을 뒤틀었지요. 패리스 목사를 비롯한 가족은 금식도 하고 기도도 했습니다. 하지만 아이들의 증상은 나아지지 않았습니다. 한 의사가 진단한 뒤 "마녀에게 홀렸다"고 말합니다. 의사의 말을 듣고 패리스 목사와 마을 사람들은 두 아이에게 "마녀 이름을 대라"고 무섭게 윽박지르지요. 아이들은 간신히 입을 열어 "티투바"라고 말합니다.

티투바. 패리스 목사가 부리고 있던 '인디언 노예'였습니다. 아이들을 돌봐주고 있었죠. 사실 티투바는 아기 때부터 아이들을 키워온 가족 같은 존재였습니다. 그러나 그가 아이들에게 들려준 이야기는 '마법'이 되었습니다.

목사와 마을 사람들은 두 아이에게 다른 마녀의 이름을 대라고 다그쳤지요. 아이들은 가난한 여인과 병든 할머니를 지목했습니다. 세 여성이 마녀로 체포되었지요. 이어 세일럼 마을에선 자신이 괴롭힘을 당했다며 '마녀 고발'이 쏟아집니다. 부유한 상인 부부, 심지어 전임 목사들까지 포함되었죠. 모두 '마녀'로 학살당했습니다.

1692년 가을까지 남자 여러 명을 포함해서 20명 이상이 사형 집행을 당했고, 100명 이상이 투옥됐습니다. 희생당한 사람들은 크게 두 부류였지요. 한 부류는 마을에서 버림받은 사람들이고, 한 부류는 그 마을의 '유지'들에게 평소 밉보인 사람들이었습니다. 투옥된 사람들 가운데에는 마을에서 존경받던 이들도 다수 포함되어 있었지요.

세일럼의 비극은 사람들이 마녀사냥에 얼마나 휩쓸릴 수 있는가를, 동시대인들을 얼마나 호도할 수 있는가를 생생하게 보여줍니다. 자신의 기득권을 유지하거나 확대하기 위해 특정인이나 특정 세력을 '마녀'로 몰아간 전형적 사례이지요. 마녀사냥은 양상만 다를 뿐, 지금도 지구촌 곳곳에서 횡행하고 있습니다.

9장 침략의 신인가, 해방의 신인가

　근대 이후 기독교는 유럽 대륙을 넘어 온 세계로 퍼져갔습니다. 그 '첫 단추'가 아메리카였지요.

　아메리카 대륙으로 기독교를 선교하던 초기에 꼭 짚어야 할 성직자가 있는데요, 에스파냐 출신의 신부 라스카사스(Bartolomé de Las Casas)입니다. 그는 성직의 길로 들어서기 전에 일확천금을 노리고 '신대륙'으로 건너간 무리 속에 있었습니다. 실제로 '개척의 공로'를 인정받아 노예들이 딸린 땅(영지)을 하사받았지요.

　'영주'가 된 그는 잠시 에스파냐로 돌아와서는 성직자가 되는 '공부'를 합니다. 왜 그가 성직자가 되려고 했는지 정확히 알 수는 없지요. 다만, 당시 성직자는 지금까지 우리가 보아왔듯이 지배 세력의 중추였다는 사실을 떠올리면 되겠지요.

인디언 파괴에 대한 짧은 보고서

라스카사스의 야심은 성직자로 충족될 수 없었습니다. 아메리카 대륙 정복 – 흔히 '정복'이라고 쓰지만 엄밀하게 말하면 '침략'이지요. 이미 그곳에 수많은 사람들이 오랜 세월에 걸쳐 나라를 이루어 살고 있었기 때문입니다. 콜럼버스[36]가 '신대륙을 발견'했다는 말이 철저히 유럽인 중심의 언어인 것과 마찬가지입니다. 이 책에선 '정복'을 국어사전 뜻에 맞게 '침략'으로 씁니다 – 에 나선 에스파냐 군대의 '군종 사제'로 종군하며 '복음'을 전파해 갑니다.

라스카사스 신부는 쿠바 침략에도 '동참'하고 자기 몫으로 땅을 챙겼습니다. 당시 쿠바 인디언 추장 하타이는 말뚝에 묶여 화형을 당했지요. 죽기 직전에 기독교 성직자들에게 "만약 신의 나라에 에스파냐 사람들이 있다면 나는 그곳에 가고 싶지 않다"고 또박또박 말했습니다. 그럼에도 신부 라스카사스는 원주민들을 노예로 사로잡는 데 적극 나섰지요.

라스카사스의 언행을 지켜보다가 도저히 참을 수 없었던 몇몇 성직자들이 충고합니다. "우리(유럽인)와 똑같이 인간인 원주민에게 가혹한 노동을 강요하는 당신은 사제로서 자격이 없다"고 일러주거나 "당신이 무슨 권한으로 평

36 1492년 아메리카 대륙 인근의 한 섬에 도착한 콜럼버스(Christopher Columbus)는 자신이 '인도'에 도착했다고 믿었습니다. 수천만 명의 아메리카 원주민이 '인디언'(Indian, 곧 인도인)으로 불리는 황당한 계기가 되었지요. 인도에 있으리라고 기대했던 값비싼 향신료와 금은보화가 보이지 않자, 인도로 가는 항로 개척에 큰돈을 투자했던 에스파냐 왕실은 원주민을 강제 동원하여 사탕수수나 토바코 같은 상품작물을 대규모로 경작해 갔습니다. 유럽인들이 가져온 전염병과 강제 노동에 시달린 원주민들은 빠른 속도로 인구가 줄어들었지요. 콜럼버스가 처음 도착한 히스파니올라 섬에서 긴 시간에 걸쳐 평화롭게 살아온 타이노족은 에스파냐인들이 도착하고 25년 만에 500만에 달하던 인구가 5만으로 줄어들었습니다.

화롭게 살던 사람들과 파괴적 전쟁을 일삼는가? 당신은 그들에게 충분한 음식도 주지 않고 과도한 노동으로 몰아세웠으며, 고통에 신음하는 그들에게 편안한 죽음도 허락하지 않았다"고 비판했지요.

라스카사스는 옳은 충고를 받아들이지 않았습니다. 원주민을 노예로 삼는 것이야말로 '정복자의 당연한 권리'이며, '열등한 원주민들을 개화하는 과정'이라고 반박하고 나섭니다. 더 나아가 라스카사스는 자신을 비판한 성직자들이 자신의 권리를 침해한다며 왕에게 고발하지요. 라스카사스를 비판한 수도사들은 본국으로 송환되었습니다.

바로 그것이 우리가 직시해야 할 기독교의 '선교 역사'입니다. 다만, 역사는 언제나 새로움을 준비하지요. 라스카사스만 보아도 그렇습니다. 그에게 지금까지와는 전혀 다른 삶을 걸어갈 전환점이 찾아옵니다.

농장 경영에 바쁘면서도 사제로서 최소한의 책임 때문에 라스카사스가 설교를 준비할 때였지요. 〈집회서〉[37]를 펴들고 34장을 읽어 내려갔습니다.

"불의하게 얻은 것을 재물로 바치는 것은 부정한 일이므로, 악인들이 바치는 재물은 용납되지 않는다. 지극히 높으신 분은 불경한 자들이 바치는 재물을 기뻐하지 않으시며, 재물을 많이 바친다고 해서 죄를 용서받는 것도 아니다. 가난한 사람들의 재산을 빼앗아 재물로 바치는 것은 남의 자식을 재물로 바치려고 그 아비 앞에서 죽이는 것과 같다. 가난한 사람들에게는 빵 한 조각이 생명이며, 그것을 빼앗는 것은 살인이다. 이웃의 살길을 막는 것은 그를 죽

---

37 〈집회서〉는 구약성경의 외경이지만 초대 교회 사람들이 애독한 문서입니다. 라틴어 '에클레시아스티쿠스'(Ecclesiasticus)의 번역으로, 본뜻은 '교회적인 책' 또는 '교회서'입니다. 알렉산드리아의 유대인들은 구약성경의 일부로 인정했지요. 일상생활의 여러 문제를 설명하며 "지혜의 시작은 신을 두려워하는 것"이라고 강조하죠. 가톨릭에서는 '제2정경(正經)'으로 채택하고 있습니다.

이는 것이며, 일꾼에게서 품값을 빼앗는 것은 그의 피를 빨아 먹는 것이다."(집
회서, 34:18~22)

그 대목을 읽는 순간, 라스카사스는 자신이 소유한 모든 재산이 원주민으
로부터 빼앗은 것임을, 그들의 노동을 정의롭지 못하게 착취한 것임을 새삼 깨
닫습니다. 깊은 자괴감이 며칠 동안 이어지지요. 이윽고 "내가 행한 모든 것이
부정한 것이며 끔찍한 것"이었음을 고백합니다. 이어 자신이 소유하며 부리
던 모든 노예를 해방하는 결단을 내리지요. 그리고 남은 평생을 원주민의 인
권을 위해 헌신하겠노라고 다짐합니다.

자신이 소유한 것을 나눠주는 것만으로 만족할 수 없었던 라스카사스는 에
스파냐의 국왕을 움직여 전체 상황을 바꾸려고 노력합니다. 가까스로 국왕을
알현했을 때, 라스카사스는 결정적 실수를 하지요. 원주민들에게 자유를 보
장해주고 싶은 다급한 마음에 "아메리카 원주민보다 육체적으로 훨씬 건강
한 아프리카 흑인을 노예로 사용하는 것이 낫다"고 주장했습니다. 라스카사
스의 그 주장은 곧 수천만 명에 이르는 아프리카 흑인들을 '사냥'해 강제로
아메리카에 끌고 가는 데 결정적 계기가 됩니다.

더구나 국왕을 통해 문제를 해결하려는 라스카사스의 노력은 누구에게도
믿음을 주지 못했지요. 현지의 농장 소유주들은 그를 죽이고 싶어 했고, 현지
농민들은 그의 호의를 불신했습니다. 실패를 거듭한 라스카사스 신부는 모든
것을 내려놓고 산토도밍고에 있는 도미니카 수도회로 들어가 신학 공부에 몰
입합니다. 하지만 현지에서 생명의 위협을 받아 에스파냐로 돌아오지요.

현실에서 뜻을 구현하는 데 한계를 절감한 라스카사스는 유럽의 기독교인
들이 저지른 살육을 고발하는 데 집중합니다. 『인디언 파괴에 대한 짧은 보
고서』라는 작은 책자에서 그는 "기독교인들이 저 많은 영혼을 살해하고 파

라스카사스 신부의 책에 실린 삽화. 아메리카 원주민을 학살하는 기독교인의 만행이 생생하게 그려져 있습니다.

괴한 이유는 황금에 대한 탐욕과 단시간에 부자가 되려는 욕망에 있다"라며 '그리스도인들의 탐욕'을 비판했습니다.

라스카사스는 자신이 쓴 책들에 기독교인의 만행을 삽화로 그려 실었습니다. 사진기가 없던 시대에 생생하게 현장을 전달하려는 의도였겠지요. 남녀 원주민을 모두 벌거벗겨 한 줄로 매달아놓고 그 아래 쌓아둔 장작에 불을 지르는 삽화나, 구덩이에 남녀노소를 몰아놓고 창으로 마구 찌르는 삽화는 당시의 참상을 짐작게 합니다. 물론, 글에도 날카로운 고발을 담았지요. 잠깐 들춰볼까요.

"만행은 인디언을 살해하는 것에서 그치지 않았다. 그들은 죽은 사람의 배를 갈라 시신을 토막 내기 일쑤였다. 이러한 행동은 사람의 배를 단칼에 관통할 수 있는지 또는 단칼에 목이 잘리는지를 내기하는 과정에서 이루어졌다. 내가 머물던 3개월여에 걸쳐 살해된 어린아이의 숫자만 해도 6000명 이상이었다."

'이단'이라는 심문까지 받으며 오랫동안 시달리던 라스카사스 신부는 1566년 쓸쓸히 세상을 떠났지요. 죽기 직전에 출판한 저서에서 그는 자신이 아프리카 사람들을 아메리카로 끌어오게 한 장본인이었다고 참담한 심경을 털어놓으며, "흑인의 권리는 인디오의 그것과 다를 바 없다"고 호소했습니다.

기실 유럽의 기독교인들은 콜럼버스가 처음 상륙한 이후 초기 50년 사이에 아메리카 원주민 1500만~2000만 명을 학살했습니다. 그들 눈에 비친 원주민은 게으른 야만족이고 열등해서 "두개골의 크기가 예수님의 가르침을 받아들이기에는 너무나 작은" 존재들이었지요.

그들은 원주민의 '게으름'에 가장 좋은 치료법은 '광산 노동'이라고 주장했습니다. 더러는 옷을 제대로 입지 않은 원주민들이 "성적으로 문란"하다고 단정 지었지요. 문란한 남자들을 '정리'하겠다면서 사나운 개를 풀어 물어뜯게도 했습니다(여기서 바로 그 시기에 교황 알렉산더 6세가 얼마나 문란한 생활을 했던가를 떠올려보기 바랍니다).

라스카사스는 자신이 죽은 뒤 발표해 달라는 부탁과 함께『인디언의 역사』라는 책도 남겼습니다. 그 책에서 그는 아메리카에서 자행한 학살 행위 때문에 에스파냐 제국은 멸망의 길로 접어들 것이라고 '예언'했습니다.

실제로 에스파냐 제국은 쇠퇴하지요. 하지만 몰락할 때까지 숱한 범죄를 더 저지릅니다. 잉카제국의 학살도 '십자가'의 이름으로 저질러졌지요. 1532년 11월 16일 프란체스코 피사로(Francisco Pizarro)는 160여 명의 군대를 이끌고 안데스 고원을 넘어 잉카 국왕에게 만남을 요청합니다. 잉카 국왕은 선의로 그들을 만나주었지요. 피사로는 국왕을 전격 체포합니다. 그들이 총과 대포를 지녔던 데 비해 잉카제국 용사들의 무기는 도끼와 돌멩이가 전부였거든요. 피사로가 잉카제국의 왕을 체포한 죄목이 바로 '십자가와 성경 모독죄'였습니다. 곧이어 화형에 처하지요. 죽이면서 내세운 공식 죄목은 '이교도'와 '대역죄'였습니다.

그런데 피사로가 잉카제국을 침략해 들어간 실제 목적은 '십자가'도 '성경'도 아니었습니다. 잉카제국의 황금이었지요. 십자가를 내세우고 탐욕스럽게 황금을 챙기며 잉카제국의 국왕을 비롯해 거주민들을 '예수'의 이름으로 잔인하게 살해한 거죠.

유럽인들은 '미개인'에게 예수를 '선교'했다고 생각했겠지만, 어떤가요. 냉정하게 짚어보면 아메리카 대륙에서 수만 년 동안 살아온 사람들에게 기독교의 신은 누구였을까요? 적어도 그들의 눈에는 '침략의 신'이 아니었을까요. 그렇다면 정말이지 신을 모독한 사람은 누구였을까요?

해방신학이 싹트다

아메리카 대륙만이 아닙니다. '선교사'를 비롯해 그들을 따라온 백인 이주민은 삼위일체 예수의 이름으로 지구 곳곳에서 피의 강물을 흐르게 했습니다.

그런데 피의 강물이 흐른 바로 그곳에서 우리는 침략의 신과 전혀 다른 해방의 신을 만나게 됩니다. 기독교인의 침략을 받은 라틴아메리카는 그 뒤 300년 넘도록 에스파냐와 포르투갈의 식민지로 전락하지요. 19세기에 들어 정치적 독립에 성공하지만, 이미 강대국으로 떠오르던 미국에 경제적으로 예속되어 갑니다. 그 결과로 나타난 높은 인플레이션, 노동자의 대량 실업, 막대한 외채, 경제적 불평등과 불균형, 부익부 빈익빈의 사회적 불평등은 권력형 부패와 더불어 국민 대다수인 민중을 고통으로 몰아갔지요.

그럼에도 라틴아메리카 전역에 퍼져 있던 가톨릭교회는 정치권력과 손을 잡고 기득권 세력만 대변함으로써 민중의 외면을 받았습니다. 가톨릭 성직자 사이에서 예수의 참뜻을 살리자는 움직임이 일어난 까닭이지요. 바로 '해방신학'(Liberation theology)입니다. 제국주의의 오랜 침략과 잇따른 군부 정권 아래서 가난과 억압으로 고통받고 있는 절대다수의 해방을 기독교 관점에서 적극 해석하려는 시도입니다.

『해방신학』이라는 책을 낸 구스타보 구티에레스(Gustavo Gutierrez) 신부는 "공정하지 못한 상황을 해결하여 더 자유롭고 더 인간적인 사회를 건설하려는 공동 노력의 체험에서 생긴 신학이 곧 해방신학"이라고 정의했습니다.

1960년대 라틴아메리카에서 시작된 해방신학은 가톨릭이 주도했지만 뜻있는 개신교 신학자도 참여함으로써 초교파적 운동으로 발전했습니다. 교회가 정치적·경제적·사회적 불평등과 부조리로부터 가난한 사람을 비롯한 '사회적 약자'를 해방하는 데 적극 나서야 한다고 주장했지요. 특히 빈곤을 신의 뜻에 어긋나는 사회적 죄악으로 규정하고 이를 타파해야 한다고 강조합니다.

해방신학은 뿌리를 성경에서 찾습니다. 〈출애굽기〉가 그것이지요. 노예 생활에서 해방을 가져온 출애굽 사건에서 '해방자 예수'를 발견한 거죠.

가깝게는 제2차 바티칸 공의회(1962)가 '교회는 인간의 존엄성을 높이고 사회구조를 인간적으로 만들기 위해 노력해야 한다'고 명문화한 결정이 영향을 주었습니다. 공의회는 가난한 국가가 부자 국가에 종속되는 세계적 문제를 지적하고, 교회가 인류와 역사 앞에 공동 책임을 져야 한다고 천명했지요. 이를 밑절미로 콜롬비아 메데인에서 열린 제2차 라틴아메리카 주교회의(1968)는 가난한 사람에 대한 부자들의 제도화된 폭력에 맞서 교회가 새로운 대안이 되어야 옳다고 선언합니다. 예수는 가난한 사람을 해방하려고 이 땅에 왔으며 그것을 이행하는 것이 기독교인의 임무라고 강조했지요.

해방신학이 싹트는 데에는 실천과 이론에서 모두 '기름진 토양'이 있었습니다. 먼저 실천 쪽부터 짚어볼까요. 이미 1950~1960년대 라틴아메리카에는 빈민가나 농촌으로 들어가서 가난한 사람들과 더불어 일하며 생활해 온 성직자들이 있었습니다. 그들은 빈곤이나 죄를 사회구조와 정치체제의 문제로 보았지요. 구원은 영적 구제와 동시에 빈곤·억압·부정의를 가져오는 권력 구조로부터의 해방이어야 한다고 그들은 확신했습니다.

구조적인 가난으로 고통당하는 사람들의 믿음과 소망, 사랑이 해방신학을 빚어낸 셈이지요. 해방신학은 그 점에서 여유로운 일상생활을 배경으로 형성된 미국이나 유럽 신학과 대조적입니다. 전통적으로 교회는 자신의 주된 사명을 복음 전파를 통한 죄의 회심과 개인 영혼의 구원에 두었지요. 물론, 해방신학도 그 문제를 외면하지는 않습니다. 다만, 라틴아메리카 상황에서 가장 긴급

〈천사의 부축을 받는 예수〉(안토넬로 다메시나). 천사의 도움을 받는 예수의 모습은 세상에서 고통받고 있는 사람들의 얼굴을 떠오르게 합니다.

한 것은 억압당하는 사람들의 해방이고, 그것이 기독교의 정의이자 신의 뜻이라고 보았습니다.

해방신학이 이론적으로 형성되는 데에는 독일의 '정치 신학'(Political theology)이 영향을 끼쳤습니다. 제2차 세계대전을 몸으로 겪은 신학자들은 나치 독일의 등장과 유대인 대학살이 일어나기까지 독일의 교회와 신학이 무엇을 했는지 깊이 성찰했지요. 그들은 독일 교회가 예수의 복음을 지나치게 개인주의적으로 이해해서 정치적인 보수 반동주의를 정당화했다고 비판하며 기독교의 정치적 책임을 주장했습니다.

요한 밥티스트 메츠(Johann Baptist Metz)는 예수의 십자가 죽음을 로마의 억압 구조에 대한 예언자적 항거의 죽음, 곧 정치적 죽음으로 봅니다. 메츠에 따르면, 십자가의 죽음은 일회적 사건이 아니라 '정의롭지 못한 정치체제를 위협하는 기억'이 되었습니다. 교회는 그 '위험한 기억'을 공유하며 형성되었고, 그것으로 살아가는 공동체이기 때문에 교회의 삶은 고난당하는 사람들과의 연대 속에서 잘못된 정치구조를 비판하고 저항하는 정치적인 삶이어야 한다고 메츠는 주장합니다. 위르겐 몰트만(Jurgen Moltmann)은 예수가 선포한 '신의 나라'는 정치적 요소를 그 안에 품고 있다면서 올바른 정치적 선택과 결단 또한 신앙의 본질이라고 강조합니다.

해방신학은 독일의 정치 신학을 라틴아메리카 상황에서 새롭게 해석했습니다. 처음부터 명확하게 가난한 사람 쪽에 서지요. 라틴아메리카의 정치경제적 상황에서 교회는 지배자와 피지배자 사이의 중간에 중립적 자세로 서 있을 수 없고, 가난한 사람을 편들어야 옳다고 보았습니다.

해방신학에 따르면, 가난한 사람을 위한 우선적 선택은 구약과 신약 전체를 관통하는 위대한 '성경적 정신'입니다. 카인과 아벨의 이야기부터 〈요한계시록)까지 성경 전체가 신이 사회적 약자와 억눌린 사람들을 편애한다는 '기사'로 가득 차 있다고 근거를 제시합니다. 따라서 해방신학은 신이 가난한 사람들을 우선적으로 돌보기 때문에 가난한 사람들이야말로 진정으로 신을 이해할 수 있다고 봅니다.

죄 또한 개인성과 보편성을 강조해 온 유럽·미국 신학과 달리 사회구조적 맥락의 틀로 이해합니다. '죄'는 신이 본디 의도한 '자유와 평등, 사랑의 공동체'를 파괴하는 '악의 힘'을 가리킵니다.

해방신학자들은 예수가 가난한 민중과 함께 살았고 그들을 사랑했으며, 신의 나라는 그들에게 먼저 온다고 가르친 사실에 주목했습니다. 예수가 선포한 '신의 나라'는 '해방과 자유의 나라'라는 거죠. 바로 그렇기에 예수는 당시의 지배 세력과 마찰을 일으킬 수밖에 없었고, 십자가 죽음은 예상된 귀결이었습니다. 하지만 신은 예수를 다시 살림으로써 그가 전한 해방과 자유, '신의 나라'가 옳다는 것을 알렸습니다. 따라서 신은 예수를 따르는 사람들이 최후의 승리를 거두리라고 기대하면서 사회적 부정의와 억압에 저항하는 삶을 살기를 원한다는 거죠.

그렇다면 해방신학에서 교회는 무엇일까요? 신의 나라를 선포한 예수를 뒤따르는 공동체, 자유와 해방의 성령이 깃든 곳에서 자연스럽게 형성되는 공동체, 신의 나라를 이 땅에 구현해 나가는 공동체입니다. 기독교인이 된다는 것은 역사 속에서 신의 해방과 자유에 참여하겠다는 뜻이지요. 가난한 사람들의 '바닥 공동체'(base community)를 교회로 보는 해방신학의 관점은 권위주의적인 로마 가톨릭교회의 '서열 구조'와 사뭇 대조적입니다.

구티에레스는 해방 운동이 "모범적인 창작"으로 이루어지려면 억압받는 민중이 스스로 수행해 나가야 한다고 역설했습니다.

해방신학은 1970년대부터 라틴아메리카를 넘어 지구촌으로 퍼져갔습니다. 1980년대에 들어서서 로마 교황청은 해방신학이 지나치게 급진적이라며 '제동'을 걸고 나서지요. 하지만 해방신학을 기독교의 새로운 운동으로 적극 긍정하는 사람들은 '제2의 종교개혁'으로 부르기도 합니다.

'침략의 신'과 '해방의 신'

이 장에서 우리는 16세기 라스카사스 신부의 고발에 근거해 '선교'라는 이름으로 침략에 가담한 기독교를 짚었고, 20세기 후반 해방신학자들이 이야기한 '해방자 예수'를 살펴보았습니다. 400~500년의 시차를 두고 같은 지역에서 나타난 '침략의 신'과 '해방의 신'은 과연 동일한 신일까요?

아무도 그렇게 생각하지 않겠지요. 침략의 신은 명백한 과오였으니까요. "군사적 정복만이 효과적인 선교 방법"이라고 주장하거나 "동물에 가까운 아프리카 흑인"을 노예로 삼자고 주장한 성직자들이 옳다고 볼 사람이 과연 21세기에 있을까요? 당시와는 수백 년의 시차가 있고, 그 뒤 지구촌 곳곳에 민주주의의 큰 물살이 형성되었기에 이제 '침략의 신'은 없다고 볼 수도 있습니다.

하지만 안타깝게도 단정은 아직 이릅니다. 21세기에 들어서서도 공공연하게 '십자군'을 내세우는 세력이 활개 치고 있으니까요.

2001년 9월, 조지 부시 미국 대통령은 아프가니스탄에 전쟁을 선포하며 "이번 전쟁은 새로운 종류의 악에 대항하는 투쟁이자, 테러를 응징하는 십자군 전쟁"이라고 연설했습니다. 부시의 연설 직후에 아랍 국가들이 "이슬람권 전체를 상대로 전쟁을 하자는 얘기냐"고 항의하자 곧 '유감'을 표명하긴 했는데요. 날마다 일어나면 곧장 성경부터 읽는다는 조지 부시의 '확신'은 곳곳에서 확인됩니다. 영국 BBC 방송과의 인터뷰에서 팔레스타인 공보장관은 2003년 6월 팔레스타인 자치정부 수반과 함께 부시 대통령을 만났을 때 나눈 이야기를 증언했지요. 부시는 신이 "조지, 아프가니스탄으로 가서 테러리스트들과 싸우라"고 말해 "그러겠습니다"라고 대답했고, 신이 이어 "조지, 이라크로 가서 폭정을 끝내라"고 명령해 또 "그러겠습니다"라고 대답했다고 자랑스레 밝혔답니다.

비단 조지 부시만이 아닙니다. 미국의 엘리트들 생각이 어떤가를 생생하게 '증언'해 주는 이야기는 하나둘이 아닙니다. 부시가 이라크를 침략하며 '신의 계시'를 운운하던 바로 그 시점에 미국 국방부 국제테러 담당 책임자로 임명된 윌리엄 제리 보이킨(William Jerry Boykin) 장군은 취임 다음 날 교회 예배에 참석해 군복을 입고 설교대에 올랐습니다. 그는 '설교' 중에 오사마 빈라덴, 사담 후세인, 김정일 세 사람의 사진을 꺼내들고 교인들에게 보여준 뒤 물었지요.

"신사 숙녀 여러분. 이들이 왜 우리를 미워하는지 아십니까? 우리가 기독교 국가이기 때문입니다. 우리가 믿음의 집단이기 때문입니다. 우리의 근원이 유대·기독교 문명인 반면 적들은 사탄이기 때문입니다. 우리의 영적인 적인 그들에게 우리가 예수의 이름으로 맞설 때에만 패배시킬 수 있습니다."[38]

이어 교회에 온 '신사 숙녀들'에게 거침없이 말했지요.

---

[38] 보이킨 장군의 "우리(미국)가 기독교 국가"라는 발언은 미국의 헌법 정신에 비춰보아도 정당하지 않습니다. 미국 헌법에 정교분리를 명문화하고 있으니까요. 다만, 대통령 당선자가 취임할 때 성경에 손을 얹고 취임 선서를 하고, 백악관이 기도회 장소로도 애용되는 '친기독교 국가'입니다.

"강조하거니와 우리가 지금 치르고 있는 전쟁은 영적인 전쟁입니다. 사탄은 우리나라를 파괴하려고 합니다. 사탄은 신의 군대를 파괴하려 합니다. (…) 조지 부시가 대통령이 된 것은 유권자 다수가 그에게 투표했기 때문이 아닙니다. 신이 그를 대통령으로 임명했기 때문입니다."

자신은 군대의 상관으로부터 명령을 받는 것이 아니라 신으로부터 명령을 받는다고 공언한 보이킨 장군은 다른 교회에 가서는 소말리아 사진을 꺼내듭니다. 미국이 1993년 소말리아에서 비밀리에 전격적으로 군사작전을 벌이다가 블랙호크 헬기 두 대가 격추되었는데요. 헬기에 타고 있던 미군 18명이 전사한 사건을 언급한 뒤 교인들에게 사진을 보여주었습니다. 작전이 실패한 뒤 소말리아 수도 모가디슈를 찍은 사진을 현상해 보니 위쪽에 이상한 검은 점이 나타났다면서, 이는 소말리아인들이 사탄임을 증거하는 신의 계시라고 '증언'했습니다. 그는 이어 '신념'에 가득 차서 말했지요.

"신사 숙녀 여러분, 이것이 우리들의 적입니다. 어둠의 세력이 거하는 곳입니다. 이 도시에 악마가 거하고 있음을, 그들이 우리의 적임을 알려주는 신의 계시입니다."

이어 소말리아 저항 세력의 한 간부가 "알라가 나를 보호해 주고 있다"고 말했다면서, "여러분, 우리의 신이 그들의 신보다 위대합니다. 우리의 신은 진짜 신이시지만 그들의 신은 우상에 지나지 않습니다"라고 말했지요.

어떤가요? 인간의 역사는 쉽게 바뀌지 않고 반복됩니다. 부시의 '십자군' 발언과 국방부 '실세 장군'의 발언들을 냉철하게 짚을 필요가 있습니다.

21세기에 비이성적 사고에 젖은 사람들이 미국 국방부의 핵심 자리를 거머쥔 모습을 짚어보면, 왜 백인들이 400~500년 전에 '예수'와 '신'의 이름으로 아메리카 원주민들을 수천만 명이나 학살했는지 충분히 이해할 수 있겠지요.

미국만이 아닙니다. 복지가 잘 갖춰진 북유럽의 노르웨이에서 2011년 7월에 총리 집무실을 겨냥한 폭탄 테러와 동시에 집권 노동당의 청소년 여름 캠프장에서 무차별 총격 테러가 일어나 76명이 숨졌지요. 범인은 물속으로 피한 청소년들까지 정조준해 살해하는 야만을 저질렀습니다. 이슬람 세력의 범행으로 지레짐작했던 '지구촌 사람들'은 범인이 금발의 백인으로 '기독교 근본주의자'라는 사실이 알려지자 더 충격을 받았습니다.

범인은 법정에서 이슬람교도로부터 서유럽을 구하고 싶었다며 무죄를 주장했지요. 집권 노동당이 "모슬렘을 대거 수입했다"면서 "국가를 배신했다"고 비난했습니다. 그는 테러 전 인터넷에 올린 선언문에서 자신을 '기독교 근본주의자'로 밝히며 곧 저지를 끔찍한 범죄를 십자군에 비유했습니다. 십자군 전쟁을 시작하기 전에 "유럽 기독교 문명을 파괴하는 문화적 마르크스주의"를 없애야 한다는 주장도 늘어놓았습니다. 76명의 생명을 빼앗고도 "잔인하지만 필요한 일이었다"고 담담하게 말하는 '확신범'이지요.

법정에 출두할 때 범인은 유니폼을 입고 싶다고 했는데요, 그가 말한 유니폼은 평소 선망해 온 '성전 기사단'의 제복이었습니다. 성전 기사단은 앞서 살펴 보았듯이 1차 십자군 전쟁 직후 '예루살렘 순례자'들을 보호한다는 명분으로 12세기 초 결성된 조직이지요.

세계교회협의회(WCC) 총무는 "기독교를 테러의 근거로 삼는 것은 신성모독"이라며 "기독교인은 이번 사건을 계기로 종교와 신념이 폭력을 정당화하는 것을 막아야 한다"고 논평했습니다. 노르웨이의 기독교 보수 단체도 범인의 "폭력적 행동은 전혀 기독교적이지도, 보수적이지도 않다"고 강하게 부정했습니다. 세계복음주의연맹(WEA)도 "끔찍한 폭력이 그리스도의 이름으로 전달되는 것이 안타깝다"고 밝혔지요.

기독교 단체가 야만적 범죄는 기독교와 무관하다고 밝힌 것을 십분 이해할 수 있습니다. 다만, "기독교를 테러의 근거로 삼는 것은 신성모독"이라거나 "폭력적 행동은 전혀 기독교적이지도, 보수적이지도 않다"는 말, "끔찍한 폭력이 그리스도의 이름으로 전달되는 것이 안타깝다"는 개탄은 그들이 역사적 진실을 얼마나 성찰하고 있을까에 의문을 갖게 합니다.

기독교의 역사에서 노르웨이의 30대 백인이 저지른 범죄와는 비교할 수 없을 만큼 훨씬 잔혹하고 더 야만적인 범죄가 조직적으로 자행되어 온 사실을 기독교인 스스로 직시할 필요가 있습니다.[39]

이슬람에 맞서 '십자군 성전'을 개인적으로 거행했다며 아무런 죄책감도 없는 30대 백인 '살인마'와, 이슬람의 신은 우상이라며 사탄과의 '성전'을 교회 설교대에서 버젓이 부르대는 미국 국방부의 '실세 장군' 가운데 누구의 광기가 더 위험한 걸까요? 아무런 명분이 없는 미국의 이라크 침략 전쟁에서 얼마나 많은 사람이 목숨을 잃었는가를 차분히 되짚어볼 필요가 있습니다.

'침략의 신'과 '해방의 신'. 두 신 가운데 어느 신이 21세기는 물론, 새로운 천년기의 인류를 기다리고 있을지 진지하게 전망해 볼 필요가 여기에 있습니다. 기독교인이라면 더욱 그렇지요.

---

39 이 책의 주제는 아니지만 다른 유일신 종교인 유대교와 이슬람교 또한 전쟁의 야만으로부터 자유롭지는 못합니다. 특정 유일신 종교로 무장한 국가들은 대외적으로는 전쟁을 마다하지 않고 대내적으로는 독재를 펼 가능성이 높습니다. 근대 이후 민주주의 사회가 정교분리를 선택한 것도 이 때문입니다.

선교사는 '제국주의 침략의 앞잡이'였나요?

모든 선교사가 침략의 앞잡이라고 말한다면 편향된 주장일 수 있습니다. 하지만 의도했든 아니든 제국주의 시대에 선교사들이 침략의 '전위'가 된 사례는 많습니다.

가령 라스카사스 신부를 못마땅하게 여긴 에스파냐의 고위 성직자들은 국왕에게 "왕 역시 다섯 명의 노예를 받았기 때문에, 라스카사스의 주장대로라면 왕 또한 죄인"이라고 고발합니다. 라스카사스를 '반역자'로 몰아 죽이려는 살기가 묻어나지요. 마침내 국왕의 명령으로 1550년 왕의 별장에서 라스카사스와 후안 세풀베다(Juan Sepullveda) 신부 사이에 공개적 논쟁이 이뤄집니다.

먼저 성직자이자 재산가였던 세풀베다가 선공을 폅니다. 원주민은 "저급한 인류이며, 그들이 우리에게 정복당한 것은 인신 공양과 우상숭배를 일삼았기 때문이다. 원주민은 선천적으로 미개하며, 이들에게는 오직 군사적 정복만이 효과적인 선교 방법"이라고 주장합니다. 침략이 곧 선교임을 노골적으로 밝힌 거죠.

라스카사스는 "인신 공양과 우상숭배는 아메리카 원주민만 해온 게 아니다. 그리스, 로마뿐 아니라 고대 에스파냐에서도 우상숭배가 있었다. 또한 아메리카 원주민의 예술과 학습 능력은 오히려 유럽인보다 이성적이다. 이들에게 가장 효과적인 선교 방법은 가르침과 설득"이라고 반박했습니다.

세풀베다의 주장에 '정복자들'은 공감했지만, 논쟁의 자리에 참석한 다수는 성직자였습니다. 세풀베다의 논리가 지나치게 비종교적이었기에 많은 성직자들이 예상을 깨고 라스카사스의 손을 들어주었지요. 물론, 그 성직자들도 최종 결론은 다음과 같이 내렸습니다.

"아메리카 원주민은 분명한 우리의 형제이다. 따라서 더는 그들의 노동력을 착취해서는 안 된다. 부족한 노동력은 동물에 가까운 아프리카 흑인으로 보충하면 된다."

그 결과, 기독교인들의 침략으로 고통에 잠긴 아메리카인을 대신하여 좁은 배에 아프리카인을 가득 실은 '노예 상선'이 대서양을 끊임없이 오가게 됩니다. 기독교 성직자들의 주장에 따라 아프리카 침략이 정당화된 셈이지요.

부시의 '십자군'은 9·11테러에 정당방위 아닌가요?

부시의 아프가니스탄 '응징'은 알카에다의 9·11테러에 대한 '응징'이니 정당하다고 주장할 수 있습니다. 실제로 알카에다가 주도한 9·11테러는 어떤 명분에서든 정당화될 수 없는 범죄이니까요.

다만, 아프가니스탄 정부가 테러에 개입한 것은 아니었다는 사실에도 주목할 필요는 있습니다. 그럼에도 아프가니스탄의 탈레반 정부가 빈라덴의 은신처를 제공했고 범인 인도를 거부했기에 미군이 전쟁을 일으킬 수밖에 없었다고 칩시다.

문제는 미국의 이라크 전쟁입니다. 이라크에 전쟁을 선포하면서 당시 조지 부시 대통령이 내건 두 가지 명분은 '대량 살상 무기의 테러 위험성'과 '알카에다와의 연계'였습니다. 하지만 두 가지 명분 모두 사실이 아닌 것으로 최종 판명됐지요. 대량 살상 무기는 이라크 어디에서도 발견되지 않았고, 후세인 정권과 알카에다와의 연관성도 드러난 게 없습니다. 미국 안에서 비판 여론이 거세지자 부시는 정보 책임자의 잘못으로 돌려 그를 해임하는 선에서 마무리 지었습니다.

하지만 전쟁을 일으킬 당시에 이미 적잖은 지식인들이 지적했듯이, 미국이 이라크를 침략한 실제 목적은 '석유 자원 확보'였습니다. 아무런 정당성 없이 남의 나라를 공격하는 것, 바로 그것이 국어사전적 의미의 '침략'이지요.

조지 부시의 '십자군적 소명감'은 그가 대통령 재선에 나섰을 때 선거 자금을 모으는 데에도 적극 '활용'됩니다. 2004년 대선을 앞두고 부시 대통령의 선거운동본부 의장인 마크 래시콧은 2004년 4월 3일 선거 자금 모집책들에게 보낸 편지에서 "부시 대통령은 어려운 시기를 강하고 변함없는 지도력으로 이끌어왔다. 우리 공화당의 대통령은 테러리즘에 대항해 전 세계적인 십자군 전쟁을 이끌고 있다"고 자화자찬합니다.

문제의 심각성은 바로 그 '십자군 호소'가 21세기 미국의 '신사 숙녀 여러분'들에게 먹혀들어간다는 거죠. 부시는 보란 듯이 재선에 '성공'했습니다. 그리고 다 알다시피 그의 임기 말인 2008년 9월에 미국은 '금융 위기'를 맞으며 미국인은 물론, 전 세계인의 고통을 불러옵니다.

10장 부활한 예수는 어디 있을까

지금까지 우리는 유대인들의 '구약 시대'를 톺아본 뒤, 예수의 출생 이후 2000년에 걸쳐 '기독교'의 이름으로 이루어진 아름다운 믿음의 세계와 그 이름으로 저질러진 추악한 탐욕의 세상을 함께 짚어왔습니다.

여러분이 기독교의 실체적 진실과 통하려면 공식적인 교리와 더불어 그것이 실제 현실에서 어떤 모습으로 나타났는가를 동시에 들여다볼 필요가 있어서이지요.

2000년 동안 기독교는 평화와 해방의 창문이기도 했지만 침략과 수탈의 창끝이기도 했습니다. 둘 가운데 어느 쪽의 비중이 더 컸는가의 평가는 사람마다 다르겠지요. 기독교인에게는 당연히 전자가, 비기독교인―특히 이슬람교인―에게는 후자가 당연하지 않을까요? 새삼 그 물음을 던지는 이유는 기독교인이든 아니든 더불어 성찰하기 위해서입니다.

근본주의의 위험성

서기 2000년을 맞을 때, 온 세계인이 환호했던 기억이 아직도 생생합니다. 갈등과 대립의 지난 1000년을 묻고 새로운 1000년을 맞자는 덕담들이 지구촌의 거의 모든 나라 신문 지면과 방송 화면에 봇물처럼 쏟아졌지요.

하지만 2001년 9월 11일 알카에다[40]가 미국 항공기 네 대를 납치해 '자살 테러'를 벌임으로써 뉴욕을 상징하던 세계무역센터(WTC) 쌍둥이 빌딩이 모두 무너지고, 워싱턴의 국방부 청사(펜타곤)도 일부 파괴되는 일이 일어났습니다. 미국 건국 이래 본토의 중심부가 외부 공격을 받은 것은 처음이었지요. 세계무역센터 건물 안에서 일하던 사람들과 항공기 승객들을 비롯해 무려 2800~3500명이 숨졌습니다. 이어 미국의 아프가니스탄 전쟁이 벌어지고, 곧이어 이라크 침략이 이뤄지지요.

새로운 천년의 첫 10년대 내내 '종교 전쟁'의 양상이 나타난 것은 안타까운 일입니다. 물론, 미국의 이라크 침략이 석유 자원 장악에 '본심'이 있었듯이, 모든 걸 '종교 탓'으로 돌리는 것은 옳지 못합니다.

하지만 적어도 두 유일신 종교의 충돌이 200여 년에 걸친 십자군 전쟁 이후

40 알카에다(Al-Qaeda)는 1979년 소련(현 러시아)이 아프가니스탄을 침략했을 때 '아랍의용군'으로 참전한 사우디아라비아 출신의 오사마 빈라덴이 1988년 결성한 무장 조직입니다. 알카에다는 아랍어로 '근거지'라는 뜻이지요. 1991년 미국이 사우디아라비아의 이슬람 성지 메카와 메디나에 군대를 주둔시킨 뒤, 본격적으로 반미 운동을 전개했습니다. 대부호 집안 출신인 오사마 빈라덴이 자금을 댄 '유대인과 십자군에 대항하는 국제 이슬람 전선'으로 알려져 있으며, 조직원은 3000~5000명으로 추정됩니다. 빈라덴은 도피 중이던 2011년 파키스탄 은신처에서 미군 특수부대의 총격을 받고 사망했습니다. 미국 정부는 빈라덴의 시신을 바다에 던졌다고 발표했지요. 미국은 빈라덴을 사살하는 작전을 모두 동영상으로 촬영했으나 국가기밀로 분류해 일반인들에게는 공개하지 않았습니다. 시민 단체의 공개 요구에 대해 미국 법원은 이를 공개하면 외국에 있는 미국인들이 위험해질 수 있다고 주장하는 정부의 손을 들어주었습니다.

끊임없이 이어져온 것만은 사실입니다. 어느 나라, 어느 시대든 지배 세력이 권력을 강화하거나 경제적 이익을 추구하기 위해 종교적 차이를 명분으로 내세운다면, 종교도 더는 '이용' 당하지 않도록 경계할 필요가 있겠지요.

영국 버밍엄 대학의 신학대 학장 앤드루 윙게이트 신부는 근본주의가 세계적으로 확산되고 있다면서 "(근본주의가) 깊은 생각을 원하지 않는 사람들에게 매력적"이라고 말했습니다. 그 이유도 또렷하게 제시합니다. 불확실한 세상에서 젊은 세대는 확실성을 추구하는데, 이들에게 간단하지만 그만큼 쉽고 명료한 '해답'을 근본주의가 주고 있다는 거죠.

노르웨이의 10대 청소년을 '사냥' 하듯 살해한 30대 금발 테러범이 아무런 죄책감 없이 십자군을 들먹이며 자신을 '기독교 근본주의자'라고 '자부'한 사건을 주목할 필요가 여기에 있습니다.

사실 모든 종교에서 근본주의(fundamentalism)는 위험합니다. 근본주의는 '본질적인 것의 절대적 진리'를 강조하는데요. 기독교의 성경이나 이슬람교의 코란을 문자 그대로 '신의 말씀'으로 믿는 사람들은, 조금이라도 자신과 다른 생각을 하는 사람에게 적대감을 드러내며 더러는 행동으로 옮겨 공격합니다.

근본주의라는 말은 20세기에 나왔지만, 예수 이후 2000년의 역사에서 보았듯이 자기가 믿는 신만 옳다는 사람들이 저지른 범죄는 세계사를 피로 물들여왔습니다. 예수를 죽이는 데 앞장선 유대교 성직자들부터 '근본주의자'이지요. 예수가 신을 모독했다며 죽여야 한다고 입을 모았으니까요.

상대가 신을 모독했다고 살의 담긴 눈을 번득이는 종교인이 대체로 유일신을 믿는다는 사실에도 유의할 필요가 있습니다. 유일신이기 때문에 자신이 믿는 신을 위해서는 상대를 죽이는 일조차 신앙의 고백이 될 수 있다고 생각하니까요. 심지어 같은 유일신을 믿는 사람들 사이에서도 학살이 저질러져왔습니다. 기독교인이 '기독교'의 이름으로 다른 기독교인을 처형하는 야만이 역사에서 되풀이되어 왔지요. 여러 기독교로 나누어져 있는 현실에서, 자신의 기독교만 옳다는 생각으로 저지른 범죄들입니다.

만일 자신이 믿는 신이 '유일신'이라는 확신이 있다면, 상대가 '다른 신'을 믿더라도 너그럽게 포용할 수 있어야 할 텐데요. 근본주의는 자신과 다른 종교를 지닌 사람을 인정하지 않거나 말살하려는 극단적 인간을 길러내지요.

세상을 기독교인(우리)과 불신자(적)로만 구별하는 근본주의자에게 '다름'은 곧 '틀림'입니다. 이교도는 "개종되고 전향하고 치유되어야 할" 대상이자, "박멸해야 할" 질병이고 원흉이지요. 신학을 전공한 미국의 저널리스트 크리스 헤지스(Chris Hedges)는 저서 『지상의 위험한 천국』에서 그들의 언행은 "믿어라, 따르라, 그리고 행동하라"는 로마의 파시스트 무솔리니와 아무런 차이가 없다고 날카롭게 지적합니다.

우리 일상에서도 정도의 차이가 있을 뿐 근본주의자를 쉽게 만날 수 있습니다. 특히 기독교인이 되면서 자기가 '신의 선택'을 받았다고 확신하는 사람이 적지 않습니다. 교회에 나오는 청소년에게 그런 이야기를 들려주는 목회자들이 실제로 제법 많으니까요.

물론, 자기 인생을 어떻게 걸어가야 할지 방황하거나 좌절할 때 자신이 신의 선택을 받았다는 말은 큰 힘이 될 수 있습니다. 기독교에 사람들이 끌리는 결정적 이유 가운데 하나이지요.

그런데 자신이 '신의 뜻'을 알았다고 '확신'하는 사람, 자신이 '신의 선택' 또는 '명령'을 받았다고 믿는 기독교인의 공통적 문제는 교만이고 오만입니다. 개인적 차원이든 사회적 차원이든, 국가적 차원이든 국제적 차원이든 그런 오만은 다른 사람, 다른 국가의 불행을 불러오지요. 끝내는 자신의 불행으로 이어집니다.

편견 없이 냉철하게 짚어보지요. 자신이 신의 뜻을 파악했다고 자부하거나 신의 명령을 받았다고 확신하는 사람들, 어쩌면 바로 그들이야말로 '유일신'을 능멸하는 자들 아닐까요?

신의 명령을 따른다며 이라크를 침략한 미국 대통령 조지 부시나 미국 자본주의 체제를 무너뜨리겠다며 세계무역센터 쌍둥이 빌딩을 폭파해 2천여 명의 민간인을 죽음에 이르게 한 빈라덴이나 자신이 믿는 '신의 뜻'을 따랐다고 생각했겠지요. 근본주의를 경계해야 할 분명한 이유입니다.

문제는 성경을 문자 그대로 받아들이며 자기는 신의 선택(또는 은총)을 받았고 다른 사람을 '선교'할 책임이 있다고 믿는 신앙, 자신의 생각과 다른 사람을 '마녀'로 사냥하는 근본주의적 신앙이 한국 사회에 퍼져가는 데 있습니다.

북유럽 사람들이 말하는 기독교의 고갱이

바로 그 점에서 미국의 종교사회학자 필 주커먼(Phil Zukerman)이 덴마크와 스웨덴에 14개월 동안 머물면서 150여 명을 심층 인터뷰한 결과를 겸허하게 들여다볼 필요가 있습니다. 주커먼은 북유럽 국가들에는 미국처럼 기독교 근본주의적 열정 같은 분위기가 거의 없다는 사실을 새삼 발견합니다.

물론, 거기에도 10대를 상대로 한 노르웨이 테러범 같은 근본주의자가 없는 것은 아니지만, 전체적으로 보면 미국에 견주어 상당히 약하지요. 그런데 주커먼은 놀라운 사실을 발견합니다. 근본주의적 열정이 보이지 않는 북유럽 사람들은 신에 대한 믿음이 문명사회의 기반이라고 확신하는 미국인보다 복지, 교육, 건강, 인권, 평등, 범죄율, 부패지수, 자살률과 같은 모든 분야에서 더 건강하고 행복한 삶을 살고 있었습니다. 실제로 북유럽 국가들은 경제적 평등, 일인당 국민소득, 기대 수명, 아동 복지, 양성 평등, 정치가와 공무원의 청렴도, 범죄율 등 유엔이 내놓은 〈인간 개발 보고서〉의 여러 항목에서 최상위권이지요.

필 주커먼은 자신의 발견을 『신 없는 사회』라는 책으로 출간했습니다. 주커먼은 신이 없는 사회만이 행복하다거나, 신을 맹목적으로 믿는 사회는 불행하다는 수준의 이야기를 하는 게 아닙니다. 주커먼은 평균적인 북유럽 사람이 기독교 근본주의자와 다른 태도를 세 가지로 간추립니다.

첫째, 합리적 회의주의입니다. 그들은 초월적 존재가 우주를 창조했다는 창조론을 쉽게 받아들이지 못합니다. 다윈과 그를 잇는 진화론자들이 인간의 생명과 우주의 탄생을 과학적으로 설명하기 때문이지요. 기독교 근본주의자는 부활을 믿는 기독교만이 죽음의 공포에서 인간을 구원할 수 있다고 강조하지만, 합리적 회의주의자는 죽음을 자연현상으로 차분하게 받아들입니다. 자신이 알지 못하는 세계를 상상하고 믿으며 위안을 찾지는 않습니다. 주커먼이 인터뷰한 사람들은 "삶이 끝나면 모든 게 끝나는 게 확실해요. 옛날에 우리 생물 선생님은 항상 우리 몸을 구성하는 화학물질들의 가치가 덴마크 돈으로 4크로네[41] 정도라면서 최대한 빨리 그 돈을 갚아야 한다고 말씀하셨어요"라거나 죽음은 "내 몸이 분해돼서 자연의 자연스러운 순환의 일부"가 되

---

[41] 덴마크 화폐 1크로네는 한국 돈 195원 안팎이니 4크로네면 1000원이 채 안 됩니다. 미국 일리노이 대학 해부학 교수 할리 먼센은 인간의 몸이 칼슘 2.25kg, 인산염 500g, 칼륨 252g, 나트륨 168g에 소량의 마그네슘과 철, 구리로 되어 있고, 체중의 65%는 산소, 18%는 탄소, 10%는 수소, 3%는 질소로 되어 있다며 모든 물질의 값을 셈하면 89센트(한국 돈 950원 안팎)라고 주장했습니다.

는 것이라고 담담하게 말했습니다.

오히려 기독교에 의지하는 사람은 죽음이 다가올수록 두려워하며 자기 인생에 죄책감을 느낀답니다. 기독교인 상당수가 죽음을 맞는 과정에서 ‘천국’에 가지 못할까 걱정한다는 거죠. 그런데 주커먼이 만난 대다수 북유럽 사람들은 다른 모든 생명체처럼 인간의 삶도 죽음과 함께 끝이라고 생각하는 것을 자연스럽게 여겼고, 그에 따라 현재의 삶에 충실합니다. 사람들이 현실을 직시하며 ‘지금, 여기’를 마음껏 누린다는 거죠.

둘째, 이상적 세속주의입니다. 주커먼이 어느 북유럽인에게 “삶이 끝나면 모든 게 끝이라고 생각한다면 인간의 삶이 무슨 의미가 있느냐?”고 질문했을 때, “인생의 의미? 나는 지상에서 내게 주어진 시간을 누렸어요. 그 시간을 최대한 잘 보내는 것이 나의 의무죠. 정말이지 훌륭한 세월을 보냈어요”라는 답을 듣습니다. “삶의 의미라는 건 그냥 나와 내가 좋아하는 사람들이 행복하게 잘 사는 것 같은데요”라거나 “의미야 모든 곳에 있죠. 자신의 의미는 자기가 만들어내는 거죠. 그걸 할 수 없다면 먼저 자기 인생을 정비해야 할 거예요”라는 답에도 주커먼은 잔잔한 감동을 받았답니다.

인생의 의미를 “내게 묻는다면 생이 즐거웠다고 말하겠어요. 원칙적으로 삶은 모두가 받은 기분 좋은 선물”이라고 말하는 북유럽인, 삶의 궁극적 의미에 심각하게 고민하지 않으면서도 순간순간 최선을 다해 살아가는 사람들과 대화하면서 주커먼은 인생의 ‘궁극적인 의미를 안다는 것’이 과연 얼마나 중요한 일인지 의문을 품습니다. 과연 종교학자들 주장처럼 죽음에 대한 두려움과 삶의 궁극적인 의미에 대한 사색만이 인간의 본성이며, 이것이 종교를 지탱하는 원동력일까요? 주커먼이 우리 모두에게 던지는 질문입니다.

셋째, 공동체를 지향하는 개인주의입니다. 회의적이고 세속적이지만 북유럽 사람들은 자신들이 속한 공동체에 무관심하지 않은데요. 거기에는 세계 최고 수준의 복지국가라는 사실이 깔려 있지요. 덴마크와 스웨덴 사람들은 신과 같은 초월적인 존재가 두려워 '착한 일'을 하는 것이 아니라, 자신이 살고 있는 공동체를 잘 유지하기 위해 사회에 참여하고 공동체 윤리를 따릅니다. 그러니까 삶의 궁극적 의미도 어느 개인의 실존적 차원에서만 보지 않고 다른 사람들과의 관계에서 찾습니다. 죽음 앞에 인간은 더없이 무력하다는 사실을 다른 사람에게도 투영함으로써 우리 모두가 연약한 존재라는 공동체 의식 속에 서로가 서로를 지켜주는 생활 방식을 만들어온 거죠.

주커먼이 미국 – 종교적 열정이 넘치는 나라, 예수와 신을 찬양하는 스티커를 붙인 자동차가 세 대에 한 대꼴인 나라, 예배와 기도를 권고하는 광고판이 도심 곳곳에 서 있는 나라, 라디오와 텔레비전에 나온 목사들이 죄악에 물든 세상을 개탄하고 이교도를 저주하는 나라, 신이 없는 나라는 부도덕과 사악함이 판칠 것이라고 주장하는 나라 – 에 던지는 다음과 같은 질문은 곧바로 한국 사회에도 적용될 수 있습니다.

"구성원들이 성경을 많이 사랑하는 사회가 도덕적이라고 보아야 하는가, 아니면 빈곤을 사실상 퇴치한 사회가 도덕적이라고 보아야 하는가? 많은 구성원이 정기적으로 교회에 나가는 사회가 윤리적이라고 보아야 하는가, 아니면 어린이와 노인, 고아의 복지를 위해 전문적인 보살핌을 제공해 주는 사회가 윤리적이라고 보아야 하는가?"

요컨대 루터교의 전통 속에서 오래 살아왔던 대다수 북유럽 사람들은 성경이 신의 말씀을 그대로 적은 책이라거나, 예수가 처녀에게서 태어났고 죽은 뒤 부활했다는 기독교의 '핵심 교리'를 더는 믿지 않습니다. 다른 사람에게 친절을 베풀고 가난한 사람과 병든 사람을 돌보고 착하고 도덕적인 사람이 되는 것, 그것이 북유럽 사람들이 말하는 기독교의 고갱이입니다.

우리 시대에 부활한 예수

이 책의 마지막 장을 쓰고 있는 지금, 여기까지 함께한 독자는 차분히 자문해 보았으면 합니다. 예수는 부활했다고 기독교인들이 말하는데, 그렇다면 지금 어디에 있을까요, 예수는.

하늘로 올라가 있을까요? 그리고 단 한 번도 내려오지 않은 걸까요?

우리에게 사랑을 가르친 예수가 부활한 뒤 지금까지 2000년 넘도록 하늘에서 신 옆에 가만히 앉아 있으리라고 생각하진 않습니다.

그렇다면 부활한 예수를 우리는 어디서 만날 수 있을까요? 짐작한 독자도 있겠지만, 이미 예수는 자신을 어디서 만날 수 있는가를 '분명하게' 일러주었습니다. 이 책의 앞에서 '예수는 누구인가'를 물었을 때 이미 인용한 '신의 말씀'에 나오지요. 예수를 만날 수 있는 곳을 명확하게 일러준 마태의 기록을 다시 또박또박 옮깁니다.

"너희는 내가 굶주렸을 때에 먹을 것을 주었고, 목말랐을 때에 마실 것을 주었으며, 나그네 되었을 때에 따뜻하게 맞이하였다. 또 헐벗었을 때에 입을 것을 주었으며, 병들었을 때에 돌보아주었고, 감옥에 갇혔을 때에 찾아주었다"고 예수는 말했습니다. 그런 일이 없었다고 의아해하는 제자들에게 예수는 말하지요. "분명히 말한다. 너희가 여기 있는 형제 중에 가장 보잘것없는 사람 하나에게 해준 것이 바로 나에게 해준 것이다."

예수가 "분명하게" 말해주었는데도 부활한 예수를 어디서 만날 수 있는지 모르겠다면, 그것은 만날 의지가 없는 사람이겠지요.

〈부활한 예수의 승천〉(안드레아 만테냐).

아직도 미심쩍어하는 사람에게 예수의 말을 마저 들려드리고 싶습니다. 예수 또한 되풀이해서 강조했거든요.

"똑똑히 들어라. 여기 있는 형제들 중에 가장 보잘것없는 사람 하나에게 해주지 않은 것이 곧 나에게 해주지 않은 것이다."(마태복음 25:31-46)

〈성녀 베로니카와 그리스도 얼굴이 새겨진 수건〉. 십자가를 메고 가던 예수가 쓰러지자 베로니카라는 여인이 자신의 머릿수건을 풀어 예수의 땀과 피를 닦아주었는데, 이 수건에 '고통받고 있는 해방자' 예수의 얼굴이 새겨졌습니다.

유럽 신학자들은 기독교의 미래를 어떻게 보나요?

기독교는 서아시아에서 싹텄지만 세계적 종교로 커나간 곳은 유럽입니다. 그곳에서 오늘날의 현대 문명이 발전했지요. 유럽의 기독교계는 21세기를 어떻게 전망하고 있는지 영국 버밍엄 대학의 신학대 학장 앤드루 윙게이트와 나눈 이야기입니다.

손 : 유럽에서 기독교는 쇠퇴기를 맞고 있습니다. 젊은 세대로 갈수록 교회에 나가지 않고 있는데요. 문을 닫는 교회도 늘어나고 있습니다. 원인을 무엇이라고 생각하나요?

학장 : 개인주의적 전통이 강한 탓입니다. 청소년들에게 부모가 신앙을 강요하지 않습니다. 신앙에 충실했던 옛 세대가 자연적으로 소멸하면서 전체적으로 기독교인이 줄어들고 있지요. 교회 자체가 세속화 현상 속에서 사회구조의 한 부문으로 왜소화한 것도 큰 원인입니다. 이에 따라 청소년 대다수가 과거와 달리 이상을 추구하기보다는 실용적 관심에 몰입하고 있습니다.

손 : 종교 자체도 세속화하면서 현대인은 상품이라는 새로운 우상을 섬기고 있습니다. 이에 대한 기독교의 대응 방안은 무엇인가요?

학장 : 여러 갈래의 대응이 이루어지고 있습니다. 주말을 이용해 수도원 생활을 함으로써 소비사회로부터 떨어져 살아가려는 현상이 대표적입니다. 물질사회 속에서 나름대로 그 사회를 인간화하려는 노력도 있습니다. 그러나 이런 노력들이 유감스럽게도 상업주의 물결 속에서 결실을 맺지 못하고 있는 것이 현실입니다.

손 : 종교가 세속화하는 한편 정반대로 근본주의 경향도 나타나고 있습니다. 어떻게 보면 서로 통하는 현상인데 양극화 현상을 어떻게 읽어야 하나요?

학장 : 근본주의는 깊은 생각을 원하지 않는 사람들에게 매력적입니다. 불확실한 세계에서 젊은 세대들은 좀 더 확실성을 추구하기 마련인데 근본주의가 이들에게 큰 호소력이 있는 것이지요. 그러나 이는 올바른 방향은 아닙니다.

손 : 영국은 자본주의의 '발원지'입니다. 사회주의 몰락 이후 전 세계가 자본주의 체제로 편입됐습니다. 21세기 자본주의의 미래를 어떻게 전망하나요? 그와 관련해 기독교인의 과제는 무엇인가요?

학장 : 자본주의는 우리 모두에게 한 길만을 강조하는데 이는 잘못된 것입니다. 자본주의는 우리 환경을 파괴했고, 지나치게 개인주의적으로 흘러 많은 문제점을 드러내고 있습니다. 기독교인은 소외된 사람들과 삶을 나눌 수 있는 공동체로 가는 새로운 길을 열어가야 합니다.

우리나라에는 기독교가 어떻게 들어왔나요?

기독교는 1590년대에 조선의 선비 이수광이 사신으로 중국(청나라)에 갔다가 구입한 『천주실의』를 국내에 소개하면서 처음 알려졌습니다. 『천주실의』는 당시 중국에 거주하던 로마 신부 마테오 리치(Matto Ricci)가 한자로 쓴 가톨릭 교리서로 '하느님에 대한 참다운 토론'이라는 뜻입니다. 처음에는 서학(서양 학문)으로 선비들 사이에 연구되었지만, 점차 종교로서 가톨릭을 받아들이는 사람들이 나타납니다. 1784년 이승훈이 베이징에서 세례를 받아 조선인으로 첫 가톨릭 신자가 됩니다.

조선에서 가톨릭은 『천주실의』에 소개된 '천주'(하느님)를 따라 천주교로 불렸지요. 외국 선교사가 들어와 전도하는 과정 없이 선비들 사이의 연구와 토론으로 천주교가 자리 잡았다는 점에서 다른 나라와 큰 차이가 있습니다. 1845년 김대건은 조선인 최초로 신부가 됩니다. 주자학을 국가 이념으로 삼았던 조선왕조는 서학과 천주교를 탄압하게 되지요. 김대건 신부를 비롯해 국내에 들어온 외국인 신부들이 처형(순교)당합니다.

1882년 조선왕조가 미국과 국제조약을 맺으면서 비로소 가톨릭은 신앙의 자유를 확보하지요. 이때 개신교(프로테스탄트)도 들어옵니다. 1885년 언더우드와 아펜젤러 목사가 정식으로 선교 사업을 시작하지요.

흥미롭게도 천주교와 개신교 모두 조선왕조가 위기를 맞을 때 들어온 사실을 발견할 수 있습니다. 이수광이 『천주실의』를 갖고 들어올 때 조선은 임진왜란으로 사회 전체가 흔들리고 있었고, 개신교가 들어올 때는 '제국주의 열강 시대'였습니다. 개신교는 의료, 교육, 사회사업에 적극 나서면서 서민들 사이에 퍼져갔지요.

일제 강점기를 지나 기독교가 급성장하는 결정적 계기는 1945년 9월 미군이 군정을 펴면서입니다. 분단된 남쪽에 대한민국 정부가 들어서고 '독실한 기독교인' 이승만이 초대 대통령이 되면서 기독교는 조직적 지원을 받게 되지요. 이승만은 나라의 근원이 교회에 있다고 공공연하게 주장할 정도였습니다.

20세기 후반에 한국은 세계적으로 유례없을 만큼 기독교인이 가파르게 늘어났습니다. 교파 분열 또한 유례없을 만큼 많습니다. 흔히 한국 교회를 '교파 전시장'이라고 부를 정도이지요. 교회 내부에서 자성의 목소리가 나오는 이유입니다. 더구나 여러 교파로 갈라져 있으면서도 대체로 '근본주의'적 신앙 형태를 보인다는 사실이 뜻있는 기독교인 사이에 깊은 우려를 자아내고 있습니다.

예수는 어떻게 기도하라고 가르쳤나요?

기독교 신앙에서 기도는 중요합니다. 실제로 성당과 교회 안팎에서 많은 이들이 기도를 합니다. 누구에게 어떤 기도를 해야 옳은지 궁금할 텐데요, 예수가 살아 있을 때도 그게 궁금했던 제자가 있었지요. 제자가 예수에게 어떻게 기도하는 게 좋은가를 묻습니다. 예수는 "이렇게 기도하라"며 기도문을 일러줍니다. 〈마태복음〉을 보면 예수가 직접 기도하는 방법을 또박또박 가르쳐줍니다. '주기도문'으로 알려져 있지요.

"하늘에 계신 우리 아버지, 그 이름을 거룩하게 하여 주시며, 그 나라를 오게 하여 주시며, 그 뜻을 하늘에서 이루심 같이, 땅에서도 이루어 주십시오. 오늘 우리에게 필요한 양식을 내려 주시고, 우리가 우리에게 죄 지은 사람을 용서하여 준 것 같이 우리의 죄를 용서하여 주시고, 우리를 시험에 들지 않게 하시고, 악에서 구하여 주십시오. 나라와 권세와 영광은 영원히 아버지의 것입니다. 아멘."(마태복음 6:9~13)

기독교인이라면 익히 아는 기도입니다. 그런데 〈마태복음〉의 주기도문 바로 앞에는 주목할 만한 예수의 가르침이 있습니다. "너희가 기도할 때에 외식하는 자와 같이 되지 말라"고 경고하지요. '외식'(外飾)은 겉으로 꾸미는 일입니다. 구체적으로 덧붙이지요. "사람에게 보이려고 회당과 큰 거리 어귀에 서서 기도"하지 말라고 거듭 강조합니다. 회당은 성당이나 교회이지요. 다른 사람들 눈에 띄게 기도하는 사람들을 경계한 예수는 이어 "너는 기도할 때에 네 골방에 들어가 문을 닫고 은밀한 중에 계신 네 아버지께 기도하라"고 가르칩니다.

그런데 한글로 번역된 성경의 주기도문은 히브리 성경의 원문과 차이가 있습니다. 한글 성경의 "죄지은 자를 사하여 준"의 히브리어는 "빚을 탕감해 준"입니다. 여기서 빚을 탕감해 주라는 구체적 의미는 모세가 전한 '신의 말씀'에 또렷하게 나옵니다(신명기 15장). 빚을 탕감해 주라는 말씀 뒤에 "가난한 사람이 있거든 너희는 인색한 마음으로 돈을 움켜잡거나 그 가난한 형제를 못 본 체하지 마라. 손을 펴서 그가 필요한 만큼 넉넉하게 꾸어주어라"(신명기 15:7~8)고 '명령'합니다. 이어 "너희가 사는 땅에서 가난한 사람이 없어지지는 않을 것이다. 너희가 사는 땅에는 너희 동족으로서 억눌리고 가난한 사람이 어차피 있을 것이다. 그러므로 이렇게 너희 손을 뻗어 도와주라고 이르는 것이다"(신명기 15:11)라고 거듭 강조합니다.

예수가 제자에게 "이렇게 기도하라"며 가르쳐준 기도문에는 명확하게 "빚을 탕감해주라"는 의미가 담겨 있는 거죠. 그것을 한글 성경은 "죄를 사하여"라고 '번역'했지만, 히브리 성경 '원문'으로 주기도문을 읽을 때, 예수가 살아서 강조한 '사랑'의 뜻이 더 또렷하게 다가오지 않을까요.

10대와 예수의 커뮤니케이션

누구에게나 첫 만남은 중요합니다. 첫 단추를 잘못 끼우면 모두 어긋나니까요. 기독교도 마찬가지입니다. 누구를 통해, 무엇으로, 어떻게 처음 예수를 만났는지 성찰이 꼭 필요한 까닭은 종교가 개개인의 인생에 깊은 영향을 끼치기 때문입니다.

지금까지 보았듯이 기독교는 단일 종교가 아닙니다. 크게는 가톨릭, 정교회, 개신교가 있고, 개신교 안에 헤아릴 수 없을 만큼 많은 교파가 있습니다. 기독교가 아니라 '기독교들'이라고 하는 게 더 정확한 표현이지요. 같은 교파라 해도 목사나 신부의 성향에 따라 예수를 이해하는 넓이와 깊이, 높이에 큰 차이가 납니다.

한국에 들어온 기독교도 여러 갈래로 나눠져 있습니다. '기독교들' 가운데 내가 어떤 기독교, 어떤 교회와 만났는지 '조감'해 보아야 할 까닭은 명쾌합니다. 자칫 내 신앙생활이나 예수 이해가 특정 '교파의 우물'에 갇힌 '개구리' 꼴이 되기 십상이기 때문이지요.

독실한 신앙생활을 청소년 시기부터 해나갈 때 위험성은 더 커집니다. 자신의 인생 전부가 우연히 처음 만난 '특정 교회의 우물'에 갇힐 수 있으니까요. 내가 지금 다니는 교회가 정말 '참 기독교'라고 생각해도 과연 좋을까라는 질문이 필요한 이유입니다. 우물에 갇혀 있는 존재가 도저하게 흐르는 강물의 세계를 알 수는 없겠지요. 하물며 바다는 상상할 수도 없을 터입니다.

1945년 이후 한국 기독교는 동아시아 국가들 가운데 단연 돋보일 만큼 급성장했습니다. 일본이나 중국은 한국처럼 기독교 인구가 많지 않습니다.

해방 직후 미군이 38선 남쪽에 진주했고, 대한민국 건국 이후에도 '기독교인 대통령'은 물론, 미국 개신교의 정치적·경제적·문화적 영향력이 지대했기에 가능했던 일입니다.

꼭 그런 이유에서만은 아니겠지만, 한국 기독교는 전 세계적으로 보아도 손꼽을 정도로 빠른 성장세를 이루었습니다. 유럽과 미국에서 기독교 인구가 줄어드는 가운데 일어난 성장이었기에 그만큼 기독교인들의 주목을 받았지요. 건국 이래 기독교인이 절대다수였던 미국에선 신자가 시나브로 줄어들어 2012년에는 사상 최초로 절반 이하인 48퍼센트를 기록합니다.

세계의 흐름과 달리 급성장해 오던 한국 개신교는 2000년대에 들어와 확장이 멈추며 줄어들기 시작했습니다. 개신교 일부는 '해외 선교'로 방향을 돌리기 시작했지요. 모두 그런 것은 아니겠지만, 더러는 '산업화' 현상마저 나타나고 있습니다. '교회 성장주의'는 대형 교회만의 '신념'이 아닙니다.

천주교 인구는 늘어나고 있어 전체 기독교 인구 비율은 현상을 유지하고 있습니다. 개신교, 천주교 인구를 합치면 한국 최대의 종교임엔 틀림없지요. 정치, 경제, 사회의 엘리트 가운데 기독교인이 많아 앞으로도 큰 변화는 없을 전망입니다.

기실 문제는 '양'에 있지 않고 '질'에 있습니다. 이 책을 쓴 이유이기도 한데요. 이미 미국과 유럽에선 퇴조가 또렷한 '근본주의' 신앙이 한국 기독교의 주류입니다.

대형 교회의 한 '원로 목사'는 2011년 3월 일본 대지진 직후에 언론과의 인터뷰에서 "하나님을 멀리하고 우상숭배, 무신론, 물질주의로 나가는 일본 국민에 대한 하나님의 경고"라고 주장해 물의를 일으켰습니다. 서울 강남의 '유력 목사'는 "우상과 귀신이 많은 나라" 일본이 지진을 통해 "체질 개선을 하게 될 것"이라고 주장했지요. 이에 앞서 2004년 12월 또다른 '원로 목사'는 "쓰나미로 8만 5천 명이 사망한 인도네시아 아체라는 곳은 3분의 2가 이슬람교도이고 반란군에 의해서 많은 그리스도인들이 죽임을 당했고 학살당한 곳"이고 "3~4만 명이 죽은 인도의 첸나라는 곳은 힌두교도들이 창궐한 곳인데, 많은 그리스도인들이 죽고 예배당이 불탔다"고 '풀이' 했습니다.

대형 교회 목사들의 발언에 아무런 문제의식을 느끼지 못하는 기독교인이 옆에 있다면, 이 책을 그 사람과 꼭 같이 읽고 토론해 주기를 당부합니다. 그 사람들은 물론, 그들이 '교파의 우물'에 가둔 예수를 자유롭게 풀어주어야지요.

명토 박아 증언하거니와, 한국 기독교에는 예수의 길을 따라 걷는 헌신적인 성직자들이 적지 않습니다. '예수 살기'를 온몸으로 실천하는 개신교 목사들과 '해방의 신'을 이 땅에 구현하려는 가톨릭 신부들이 있습니다. 고난받는 민중이 곧 예수라고 보는 '민중신학'의 흐름도 있습니다. 그분들을 만날 때마다 저절로 고개가 숙

여집니다.

청소년 시절 종교를 정확히 아는 게 중요한 까닭은, 신앙이 굳어진 다음에는 자신의 종교를 객관적으로 바라보기 어려워서입니다. 자신의 신앙과 조금만 다른 이야기를 하면 방어적이 되거나 심지어 이단시하고 적대적인 사람들은 이미 한국에도 차고 넘칩니다.

세련된 말을 할 뿐 실제 내용은 '예수 천국, 불신 지옥'을 외치는 '지하철 선교 논리'와 전혀 다르지 않은 '성직자'가 의외로 많은 현실 앞에 예수는 얼마나 고통스러워할까요? 여기까지 꼼꼼하게 읽은 독자들은 그 질문에 스스로 답을 쓸 수 있으리라고 믿습니다. 독자 스스로 예수를 만나 대화를 나눠야 할 이유입니다.

기독교인이든 아니든 예수와의 커뮤니케이션은 자기 성숙에 큰 도움이 됩니다. 물론, 뒤틀린 커뮤니케이션은 성숙에 큰 방해가 되지요. 예수를 만나 대화하기 전에 스스로 새겨보면 좋을 성경의 세 구절을 소개합니다.

신은 사랑이다. 사랑으로 살아가는 사람은 신 안에 살며 신도 그 사람 안에 살고 있다(God is love. Whoever lives in love lives in God, and God in him. 요한 1서 4:16).

내가 너에게 새로운 계명을 준다. 서로 사랑하라. 내가 너를 사랑한 것처럼 너희도 서로 사랑하라(A new command I give you: Love one another. As I have loved you, so you must love one another. 요한복음 13:34).

주님이 너에게 무엇을 요구하는가? 정의롭게 행동하고 자비를 사랑하며 신과 함께 겸손히 걸어가라(What does the LORD require of you? To act justly and to love mercy and to walk humbly with your God. 미가서 6:8).

10대와 통하는 기독교. 긴 이야기에 이제 마침표를 찍을 때입니다. 성경이 증언하듯이 예수가 지상에서 가르친 고갱이는 '사랑'입니다. 가장 쉬운 언어로 가장 깊은 사랑을 온몸으로 깨우쳐준 예수는 아름답습니다. 기독교 2000년 역사에는 예수가 일러준 사랑을 실천하는 데 헌신한 '은자'들이 밤하늘의 뭇별처럼 총총 빛나고 있습니다.

한국 기독교로 좁혀도 예수의 길, 사랑의 길을 올곧게 걸어가는 신부와 목사를 알고 있기에 얼마든지 '증언'할 수 있습니다. 반면에 '성직'을 '장사'로 여기는 '목회자'들도 분명히 있습니다. 예수가 죽음으로 보여준 '사랑'의 고갱이는 온전히 가르치지 않으면서, 교회만 나오면 '하나님의 선택'을 받은 것이라거나 '천국행 티켓'을 확보한 것이라고 때로는 은밀한 유혹을, 때로는 은근한 협박을 서슴지 않는 교회는 없는지 둘러볼 일입니다. 아니, 그보다 더 먼저 할 일이 있겠지요. 바로 자신을 돌아보는 일입니다.

가난한 사람, 몸이 불편한 사람, 외로운 사람, "가장 보잘것없는 사람" 들에게 나는 지금 어떤 눈길을 보내고 어떻게 행동하고 있을까? 그 물음을 깊이 성찰할 때, 바로 그 순간에 우리는 부활한 예수를 만날 수 있습니다.

십자가에서 처형된 예수 앞에 감히 이 책을 바칩니다.

간략하게 살펴본 기독교 연표

기원전 2000년   아브라함으로부터 야훼 신앙이 형성.

기원전 13세기   모세가 이끈 유대 민족의 이집트 탈출(출애굽 사건), 40년 동안의 광야 생활 후 가나안에 정착.

기원전 11세기   유대인의 지도자 사울이 가나안 땅에 먼저 살고 있던 펠리시테인들과 싸워 이스라엘 왕국을 세움. 솔로몬 왕 이후 북쪽의 이스라엘 왕국과 남쪽의 유대 왕국으로 분단.

기원전 722년   이스라엘 왕국, 아시리아 왕에게 멸망.

기원전 586년   유대 왕국, 바빌로니아 왕에게 멸망.

기원전 597~538년   바빌론 유수. 유대인이 바빌론에서 포로로 사로잡혀 있던 시기. '죄를 회개하고 야훼께 돌아가자'는 신앙 회복 운동의 열매로 민족종교로서 유대교 정립.

기원전 4년 또는 기원   로마제국 식민지 유대인 땅에서 예수 탄생.

64년   기독교인에 대한 로마제국의 첫 박해가 시작됨.

67년   기독교를 정립한 베드로와 바울 순교.

313년   로마 황제 콘스탄티누스의 '밀라노 칙령'으로 300여 년 동안 박해받아 온 기독교가 공인됨.

325년   니케아 공의회에서 채택된 '니케아 신조'를 통해 아버지인 신과 아들
          인 예수의 관계를 동질적이라고 규정함.

330년   콘스탄티누스 황제가 콘스탄티노플을 '새로운 로마'로 정하고 로마
          제국의 수도를 옮김.

367년   알렉산드리아의 주교 아타나시우스가 떠돌던 책자들 가운데 27권을
          선정, 문서들을 취사선택해 '신약성경'으로 확정.

381년   콘스탄티노플에서 열린 공의회에서 삼위일체론 정립. '하나의 본질,
          세 위격'인 성부·성자·성령은 서로 구별되지만 그들의 영원성과 능력
          은 동등하다고 결론.

392년   로마 황제 테오도시우스 1세, 기독교를 로마제국의 '국교'로 선포.

395년   테오도시우스 황제가 죽으면서 제국을 양분하여 동로마를 큰아들 아
          르카디우스, 서로마를 작은아들 호노리우스에게 각각 물려줌으로써
          동로마와 서로마로 갈라짐.

476년   게르만인 용병대장 오도아케르, 서로마 함락. 서로마제국 멸망.

610년   이슬람교 탄생. 무함마드가 동굴에서 천사를 만나 계시를 받음.

1054년   기독교 교회가 동서로 분열. '보편적' 교회라는 뜻의 '가톨릭'은 로마
          교황을 중심으로 한 로마 가톨릭으로, 콘스탄티노플을 중심으로 한 동
          쪽 교회들은 자신들이 '정통적'이라는 뜻에서 '정교회'로 갈라섬.

1077년   '카노사의 굴욕'. 하인리히 4세와 교황 그레고리우스 7세가 성직자 인
            사권을 놓고 정면 충돌. 교황이 황제를 파문하자 황제가 교황을 찾아
            가 용서를 구한 사건. 이후 하인리히는 왕권을 안정시킨 뒤 로마를 침
            공해 '대립 교황' 클레멘스 3세를 내세움.

1095년   교황 우르바누스 2세가 클레르몽 공의회 연설을 통해 이교도와의 성
            전을 호소. '십자군' 탄생.

11세기 말~13세기 말   여덟 차례에 걸친 십자군 전쟁.

1453년   오스만제국이 콘스탄티노플 점령. 동로마제국 멸망.

1517년   마르틴 루터, 비텐베르크 교회 문에 교황의 '면죄부 판매'를 비판하는
            문건 게시. 종교개혁이 불붙기 시작함. 로마 교황청은 루터를 정죄하고
            파문.

1524년   루터의 영향을 받아 자유롭고 평등한 '신의 나라를 갈망한 유럽의 농
            민들이 종교 권력과 세속 권력이 결합한 중세의 지배 질서에 맞서 봉
            기. 하지만 기대와 달리 루터는 농민들을 '악마'로 규정. 루터와 함께
            종교개혁에 나섰던 뮌처 신부는 루터를 비판하며 농민들 쪽에 서서 봉
            기에 참여. 농민 10만 명 학살. 뮌처 신부도 참수당함.

16~17세기   유럽 전역에서 마녀사냥이 극성을 부림.

1532년   유럽을 넘어선 기독교 전파. '십자가'의 이름으로 잉카제국의 왕과 주
            민들 학살.

16세기   루터가 불 지핀 종교개혁 이후 가톨릭과 독립된 개신교(프로테스탄트)
               가 퍼져나감. 처음에는 유럽에서, 그 뒤 아메리카에 이어 전 세계로 확
               대. 개신교가 퍼져나가면서 장로교, 회중교, 침례교, 감리교 등 여러 종
               파로 분화 또는 분열. 특히 영국 왕 헨리 8세는 로마와 결별하고 왕이
               교회의 '수장'을 겸임, '영국 국교회'(성공회)를 세움.

1590년대   조선의 선비 이수광이 중국에서 가톨릭 교리서인 『천주실의』를 국내
               로 들여옴.

1784년   이승훈, 조선인 최초로 세례 받음.

1885년   미국 선교사들이 조선에 들어와 개신교 선교. 개신교가 들어올 때 '기
               독교'로 부름으로써 이미 들어와 있던 기독교인 천주교와 전혀 다른
               종교처럼 오해를 낳음.

1945년   일본 제국주의가 패망하고 미군이 38선 남쪽에 들어오면서 기독교, 특
               히 개신교 인구가 폭발적으로 늘어남.

1984년   로마 교황청이 한국에서 순교한 103명을 '성인'(saint)으로 추대. 한국
               은 이탈리아, 에스파냐, 프랑스 다음으로 성자가 많은 나라가 됨.

2013년   세계교회협의회(WCC) 총회가 부산에서 열림. 세계 345개 교단이 참여
               한 총회는 모든 교회에 '정의와 평화로의 순례'(Join the Pilgrimage
               of Justice and Peace)를 요청하고 폐막.

주님이 너에게 무엇을 요구하는가?

정의롭게 행동하고 자비를 사랑하며 신과 함께 겸손히 걸어가라.

What does the LORD require of you?

To act justly and to love mercy and to walk humbly with your God.

(미가서 6:8)